LATINÍSIMO COMIDAS CASERAS DE AMÉRICA LATINA

Descubre los secretos para recrear 100 platos latinos en tu propia cocina

Manuela Ruiz

Material con derechos de autor ©2023

Reservados todos los derechos

Ninguna parte de este libro puede usarse ni transmitirse de ninguna forma ni por ningún medio sin el debido consentimiento por escrito del editor y del propietario de los derechos de autor, excepto las breves citas utilizadas en una reseña. Este libro no debe considerarse un sustituto del asesoramiento médico, legal o de otro tipo profesional.

TABLA DE CONTENIDO

TABLA DE CONTENIDO 3

INTRODUCCIÓN 7

DESAYUNO 8

    1. SANGRECITA 9

    2. SÁNDWICHES TRIPLICAR ESTILO LATINOAMERICANO 11

    3. CHILAQUILES ROJOS CON HUEVOS FRITOS 13

    4. DESAYUNO CON TOMATE Y HUEVO FRITO SOBRE TOSTADA 16

    5. GACHAS DE ARROZ CON CHOCOLATE 18

    6. TORTITAS DE PESCADO PARA EL DESAYUNO 20

    7. TOSTADA CUBANA CON CAFÉ CON LECHE 22

APERITIVOS 24

    8. PAN CON CHICHARRÓN 25

    9. PLÁTANOS FRITOS 27

    10. CEVICHE DE PESCADO BLANCO 29

    11. CEVICHE MARINADO PICANTE 31

    12. TAMALES AL ESTILO LATINOAMERICANO 33

    13. CEVICHE DE ALMEJA NEGRA 35

    14. PATATA RELLENA 37

    15. PALITOS DE QUESO CON SALSA PARA MOJAR 40

    16. PAPAS FRITAS DE YUCA 42

    17. CEVICHE AL ESTILO LATINOAMERICANO 44

    18. PAPAS ESTILO HUANCAYO 46

    19. AGUACATE RELLENO 48

    20. SARDINAS RELLENAS 50

    21. CAMARONES PICANTES AL ESTILO BRASILEÑO 52

GUARNICIÓN 54

    22. POZOLE 55

    23. NOPAL A LA PARRILLA 57

    24. CHILES ANCHOS RELLENOS 59

    25. FRIJOLES ESTILO LATINOAMERICANO 61

RED ELÉCTRICA 63

    26. CALDO GALLEGO 64

    27. CARNE DE CERDO Y FRIJOLES 66

    28. ROJOS Y ARROZ 68

    29. DE ARROZ CON GANDULES 70

    30. ASOPADO DE MARISCOS 72

    31. CHORIZO VEGANO CASERO 74

    32. TORTA AHOGADA 77

    33. ARROZ HUÉRFANO 79

    34. FRIJOLES DE OLLA 81

    35. FRIJOLES CHARROS O BORRACHOS 83

    36. FRIJOLES REFRITOS 85

    37. FRIJOLES ESTILO SANTA MARÍA 87

TACOS 89

    38. TACOS DE RAJAS CON CREMA 90

    39. TACOS DE TINGA DE CAMOTE Y ZANAHORIA 92

    40. TACOS DE PAPA Y CHORIZO 94

    41. TACOS DE CALABACITAS DE VERANO 96

    42. TACOS PICANTES DE CALABACÍN Y FRIJOLES NEGROS 98

    43. TACOS DE CARNE ESTILO BÚFALO 100

    44. ENVOLTURAS PARA TACOS DE CARNE 102

    45. TACOS DE CARNE A LA PARRILLA ESTILO CARNITAS 104

    46. PEQUEÑAS TARTAS DE CARNE PARA TACOS 106

    47. SARTÉN PARA TACOS CON QUESO EN UNA OLLA 108

    48. TACOS CALLEJEROS DE FALDA DE RES 110

SOPAS Y ENSALADAS 112

    49. Sopa Tarasca 113

    50. Sopa de frijol negro 116

    51. sopa estilo tlapan 118

    52. sopa poblana 120

    53. Ensalada de papas 122

    54. Ensalada del tequilador 125

    55. Ensalada de Col 127

TOSTADAS 129

    56. Tostadas De Pollo A La Parrilla 130

    57. Tostadas de pavo californiano 132

    58. Pizza tostada de carne y frijoles 134

    59. Tostadas de Patas de Cerdo 137

    60. Chorizo, Patata y Zanahorias tostadas 139

    61. Tostadas De Picadillo De Cerdo 141

POSTRE 143

    62. flan de queso 144

    63. Chupito de paleta de sandía 146

    64. Carlota de Limón 148

    65. Granizado de mango y chamoy 150

    66. Mousse de chocolate 152

    67. Plátanos y Mandarina con Salsa de Vainilla 154

    68. Sorbete de Jamaica 156

    69. Mangos asados 158

    70. Pudín de frutas rápido 160

    71. Plátanos Asados En Salsa De Coco 162

    72. Sorbete de mango 164

    73. flan latino 166

    74. Tortitas De Maíz Al Vapor 168

    75. Arroz con leche 171

76. Budín de Maíz Morado 173

77. Pudín de quinua 176

78. Tortitas de bacalao brasileñas 178

CONDIMENTOS 180

79. salsa de cilantro 181

80. Un polvo de dobo 183

81. Salsa de vegetales 185

82. chapuzón vallarta 187

83. Sofrito verde 189

84. Condimento para tacos 191

85. de tomate y maíz con hierbas 193

86. Guacamole de frijoles blancos 195

BEBIDAS 197

87. Batido de nopales 198

88. Aguas Frescas 200

89. Mojito al estilo latinoamericano 202

90. Horchata de Melón 204

91. sangrita 206

92. ponche de coco 208

93. Ponche de huevo al estilo latinoamericano 210

94. Cerveza de Maíz Fermentada 212

95. Bebida de maíz morado 215

96. Agria de fruta de la pasión 217

97. té de coca 219

98. Capuchino con ron al estilo latinoamericano 221

99. Ponche De Pisco 223

100. Cóctel de frutas camu 225

CONCLUSIÓN 227

INTRODUCCIÓN

Bienvenidos a "Latinísimo: ¡Comidas caseras de América Latina!" Este libro de cocina no trata sólo de recetas; es un viaje al corazón de las cocinas latinoamericanas, una celebración de la tradición, la familia y los ricos sabores que definen el hogar.

En estas páginas, exploramos 100 platos latinos auténticos y ofrecemos más que solo instrucciones de cocina. Latinísimo extiende una invitación abierta a abrazar la diversidad y la vitalidad de la herencia culinaria latinoamericana, un tapiz tejido con los hilos de tradiciones de generaciones antiguas.

Imagínese ser transportado a mercados bulliciosos, la cocina de su abuela y reuniones animadas donde la comida es una celebración cultural. Cada receta rinde homenaje a diversas tradiciones culinarias, desde el Caribe tropical hasta los abundantes platos sudamericanos.

Ya seas un cocinero experimentado o un novato en la cocina, Latinísimo te invita a sumergirte en los aromas, texturas y sabores que hacen de las comidas caseras latinoamericanas un verdadero deleite. Es una exploración que va más allá del paladar, tocando el corazón y el alma de quienes se reúnen alrededor de la mesa.

Dejemos que el viaje comience mientras nos adentramos en las cocinas de América Latina, un reino donde la hospitalidad y los ricos sabores crean una sinfonía que trasciende fronteras. Latinísimo es tu pasaporte al corazón de los hogares latinoamericanos, donde cada plato cuenta una historia y cada comida es una expresión de amor. ¡Disfrutar! Que cada bocado le recuerde la herencia culinaria que adorna su cocina y celebre el amor entretejido en cada plato latino. ¡Buen provecho!

DESAYUNO

1.sangrecita

INGREDIENTES:
- 500 gramos de sangre de pollo
- 40 ml de nata espesa entera
- 3 cucharadas de aceite de oliva o chorreado de carne.
- 2 cebollas medianas picadas
- 1 cabeza de ajo picado
- 1 pimiento picante pequeño
- Orégano
- Menta picada y cilantro
- Sal

INSTRUCCIONES:
a) Pon la sangre de pollo en el frigorífico para que se enfríe.
b) Freír el ajo, la cebolla y el pimiento en aceite de oliva hasta por 10 minutos.
c) Agrega las hierbas picadas y la sal.
d) Retire la sangre, pique en cubos pequeños y agregue a la mezcla.
e) Revuelva bien.
f) Agrega un poco más de aceite y sal al gusto.

2. Sándwiches triplicar estilo latinoamericano

INGREDIENTES:
- 4 huevos
- ¼ taza de mayonesa
- 8 rebanadas de pan de sándwich blanco, sin corteza
- 1 aguacate maduro grande
- 1 tomate maduro, rebanado
- ½ cucharadita de sal y pimienta, cantidad dividida

INSTRUCCIONES:

a) Coloque los huevos en una sola capa en una cacerola. Cubra, por 1 pulgada (2,5) cm, con agua fría.

b) Coloque la sartén a fuego alto y hierva el agua.

c) Coloque una tapa hermética sobre la sartén y retírela del fuego. Dejar reposar durante 6 minutos.

d) Escurre el agua y coloca los huevos bajo el chorro de agua fría durante 1 minuto o hasta que estén lo suficientemente fríos como para manipularlos. Pelar y cortar en rodajas cada huevo.

e) Unte una fina capa de mayonesa en un lado de cada rebanada de pan.

f) Divida el aguacate en partes iguales entre 2 piezas de pan; sazone con un poco de sal y pimienta. Cubra el aguacate con un trozo de pan, con la mayonesa hacia arriba.

g) Divida el tomate en partes iguales entre las 2 piezas de pan; sazone con un poco de sal y pimienta.

h) Cubra el tomate con un tercer trozo de pan; con la mayonesa hacia arriba. Divida los huevos rebanados de manera uniforme sobre las 2 piezas de pan; sazone con la sal y la pimienta restantes.

i) Cubra con el último trozo de pan; con la mayonesa hacia abajo.

j) Corta cada sándwich por la mitad para hacer 4 porciones.

3. Chilaquiles Rojos con Huevos Fritos

INGREDIENTES:
PARA LA SALSA:
- Una lata de 12 onzas de tomates pelados, junto con ½ taza del jugo que los acompaña
- 1 jalapeño, semillas incluidas, picado en trozos grandes
- 1 cebolla blanca pequeña, picada
- 2 chiles chipotles en salsa adobo
- 4 dientes de ajo
- ¼ de taza de cilantro fresco picado
- 2 cucharadas de aceite vegetal
- 1 cucharada de néctar de agave
- Una pizca de sal

PARA MONTAJE:
- Aceite vegetal para freír
- Tortillas de maíz, cortadas o partidas en triángulos
- Sal y pimienta
- Queso Monterey Jack rallado
- queso cotija
- Huevos
- Cilantro fresco

INSTRUCCIONES:
a) Comienza colocando todos los ingredientes de la salsa, excepto el aceite, el agave y la sal, en una licuadora y licúa hasta lograr una consistencia suave. Calienta el aceite vegetal en una cacerola grande a fuego medio, luego agrega la salsa licuada y revuelve hasta que espese.

b) Incorpora el agave y la sal. Aquí quizás te encuentres con tu desafío inicial, que es resistir la tentación de consumir toda la salsa o devorarla directamente de la cacerola con una bolsa de Tostitos. Restricción de ejercicio.

ARMAR
c) Precalienta el asador y comienza a freír las tortillas. Calienta aproximadamente ¼ de pulgada de aceite en una cacerola y, en tandas, fríe los triángulos de tortilla, volteándolos a la mitad, hasta que queden algo crujientes, aunque no del todo crujientes.

d) Escurrir las tortillas fritas sobre una toalla de papel y condimentarlas ligeramente con sal. Este es tu próximo desafío: la tentación de consumir toda la salsa con estos casi chips. Sin embargo, debes resistir.

e) En el plato elegido (use una cacerola o una sartén de hierro fundido para una reunión más grande, o un molde para pastel o un plato para cocinar para un grupo más pequeño), coloque una capa de tortillas, superponiéndolas a medida que avanza. Vierta la salsa sobre ellos hasta obtener el nivel de picante deseado (en general, más es mejor) y luego cúbralos generosamente con ambos quesos. Es aceptable que parezca algo espeso; de hecho, debería hacerlo. Ase la mezcla hasta que el queso se derrita. No intentes utilizar un tenedor en esta etapa.

f) En una sartén pequeña, fríe los huevos a fuego lento, asegurándote de que las yemas queden crudas porque ya sabes lo que viene.

g) Coloque porciones de la salsa de tortilla en tazones individuales, agregue uno o dos huevos y un poco de cilantro fresco, y sazone con sal y pimienta.

4. Desayuno con tomate y huevo frito sobre tostada

INGREDIENTES:
- 4 rebanadas gruesas de pan campestre
- Aceite de oliva
- 1 diente de ajo grande, pelado
- 1 tomate maduro grande, cortado a la mitad
- 4 huevos grandes
- Sal y pimienta

INSTRUCCIONES:

a) Unte ambos lados de las rebanadas gruesas de pan con un toque de aceite de oliva y tuéstelas en el horno o en el horno tostador a unos 375°F hasta que se doren y queden crujientes.

b) Una vez que las tostadas estén listas, sácalas del horno y frótalas generosamente con el diente de ajo pelado, seguido del lado cortado del tomate.

c) Mientras frotas, asegúrate de exprimir el jugoso interior del tomate sobre la tostada. Espolvorea una pizca de sal y pimienta sobre las tostadas.

d) En una sartén o sartén grande, agrega una fina capa de aceite de oliva y caliéntalo a fuego medio-alto.

e) Rompe los huevos en la sartén, sazónalos con sal y pimienta, luego tapa la sartén y cocina hasta que las claras estén firmes manteniendo las yemas líquidas. Coloque un huevo frito encima de cada tostada y sirva.

f) ¡Disfruta de tu delicioso desayuno!

5. Gachas De Arroz Con Chocolate

INGREDIENTES:
- 1 taza de arroz glutinoso
- 4 tazas de agua
- ½ taza de cacao en polvo
- ½ taza de azúcar (ajustar al gusto)
- ½ taza de leche evaporada
- Pizca de sal
- Coco rallado o leche condensada para decorar

INSTRUCCIONES:

a) En una olla, combine el arroz glutinoso y el agua. Llevar a ebullición y cocinar a fuego lento hasta que el arroz esté cocido y la mezcla espese.

b) En un recipiente aparte, mezcla el cacao en polvo, el azúcar, la leche evaporada y una pizca de sal para formar una salsa de chocolate.

c) Combina la salsa de chocolate con el arroz cocido y revuelve bien.

d) Servir caliente, adornado con coco rallado o leche condensada.

6. Tortitas de pescado para el desayuno

INGREDIENTES:
- 400 g (14 oz) de patatas harinosas de la cosecha principal , cocidas
- 300 g (11 oz) de filete de bacalao
- 225 ml (8 onzas líquidas) de leche entera
- 1 tira pelada de ralladura de limón
- 1 hoja de laurel
- 40 g (1½ oz) de mantequilla
- 2 cucharaditas de aceite de oliva
- 1 cebolla pequeña, finamente picada
- un puñado de perejil
- 1 cucharadita de jugo de limón fresco
- 25 g (1 oz) de harina común
- 1 huevo grande, batido
- 100 g (4 oz) de pan rallado blanco fresco

INSTRUCCIONES:

a) Pon en una cacerola el pescado, la leche, la ralladura de limón, el laurel y un poco de pimienta negra. Tapar, llevar a ebullición y cocinar a fuego lento durante 4 minutos o hasta que el pescado esté bien cocido.

b) Derrita 15 g (½ oz) de mantequilla en una sartén mediana, agregue 1 cucharadita de aceite de oliva y la cebolla y cocine a fuego lento durante 6 a 7 minutos, hasta que esté suave y translúcida, pero no dorada. Agrega el puré de papas y deja que se caliente; luego añade el pescado, el perejil, el jugo de limón y 2 cucharadas de leche escalfada y mezcla bien.

c) Pon el huevo en un plato llano y el pan rallado en otro. Con las manos ligeramente mojadas, forme ocho croquetas de pescado con la mezcla de harina y aproximadamente 1 cm (½ pulgada) de espesor. Pasarlas por huevo batido y luego por pan rallado, ponerlas en una bandeja de horno y dejarlas enfriar durante 1 hora (o mejor toda la noche) en el frigorífico.

d) Calentar el resto de la mantequilla y la última cucharadita de aceite en una sartén antiadherente hasta que la mantequilla se derrita, añadir las croquetas de pescado y luego sofreírlas a fuego lento durante unos 5 minutos por cada lado hasta que estén doradas.

7.Tostada Cubana con Café con Leche

INGREDIENTES:
- pan cubano o pan francés
- Manteca
- Azúcar
- Café cubano fuerte
- Leche

INSTRUCCIONES:
a) Corta el pan cubano o francés en rodajas del grosor deseado.
b) Tostar las rodajas hasta que estén doradas.
c) Mientras la tostada aún está caliente, unta una cantidad generosa de mantequilla en cada rebanada.
d) Espolvoree azúcar sobre las tostadas con mantequilla, dejando que se derrita un poco.
e) Prepare una taza fuerte de café cubano.
f) Calienta una cantidad igual de leche hasta que esté humeante pero no hirviendo.
g) Mezcla el café y la leche para crear un Café con Leche.
h) Sumerge las tostadas endulzadas en Café con Leche y saborea la deliciosa combinación de sabores.

APERITIVOS

8. Pan con Chicharrón

INGREDIENTES:
- 4 panecillos pequeños (como ciabatta o panecillos franceses)
- 1 libra de paleta de cerdo, cortada en rodajas finas
- 2 dientes de ajo, picados
- 1 cucharadita de comino
- ½ cucharadita de pimentón
- Sal y pimienta para probar
- batatas en rodajas
- Salsa criolla (cebolla, jugo de limón y ají) para cubrir

INSTRUCCIONES:

a) En un bol marinar las lonchas de cerdo con ajo, comino, pimentón, sal y pimienta. Déjelo marinar durante al menos 30 minutos.

b) Calienta un poco de aceite en una sartén y fríe el cerdo marinado hasta que esté crujiente y bien cocido.

c) Corte los panecillos por la mitad y coloque capas de carne de cerdo cocida, batatas en rodajas y salsa criolla.

d) Cerrar los panecillos y servir calientes.

9. Plátanos fritos

INGREDIENTES:
- 2 plátanos verdes
- Aceite vegetal para freír
- Sal al gusto

INSTRUCCIONES:

a) Comienza pelando los plátanos verdes. Para hacer esto, corta los extremos de los plátanos y haz un corte longitudinal a lo largo de la piel. Retire la piel alejándola del plátano.

b) Corta los plátanos en rodajas gruesas, de aproximadamente 2,5 cm (1 pulgada) de grosor.

c) Calienta aceite vegetal en una sartén o sartén honda a fuego medio. Asegúrate de que haya suficiente aceite para sumergir completamente las rodajas de plátano.

d) Agrega con cuidado las rodajas de plátano al aceite caliente y fríelas durante unos 3-4 minutos por cada lado o hasta que se doren.

e) Retira las rodajas de plátano frito del aceite y colócalas en un plato forrado con papel toalla para escurrir el exceso de aceite.

f) Toma cada rodaja de plátano frito y aplánala usando el fondo de un vaso o un utensilio de cocina diseñado específicamente para aplanar.

g) Regrese las rodajas de plátano aplanadas al aceite caliente y fríalas durante 2-3 minutos más por cada lado hasta que estén crujientes y doradas.

h) Una vez fritos al nivel deseado de crocante, retira los patacones/plátanos fritos del aceite y colócalos en un plato forrado con papel toalla para escurrir el exceso de aceite.

i) Espolvorea los Patacones/Plátanos Fritos con sal al gusto mientras aún estén calientes.

j) Sirve los Patacones/Plátanos Fritos como guarnición o como base para aderezos o rellenos, como guacamole, salsa o carne deshebrada.

10. Ceviche de Pescado Blanco

INGREDIENTES:
- 1 libra de filetes de pescado blanco fresco (como platija o pargo), cortados en trozos pequeños
- 1 taza de jugo de limón fresco
- 1 cebolla morada pequeña, en rodajas finas
- 1-2 chiles rocoto o habaneros frescos, sin semillas y finamente picados
- ½ taza de cilantro fresco picado
- ¼ de taza de hojas de menta fresca picadas
- 2 dientes de ajo, picados
- Sal al gusto
- Pimienta negra recién molida, al gusto
- 1 batata, hervida y cortada en rodajas
- 1 mazorca de maíz, hervida y sin granos
- Hojas de lechuga, para servir

INSTRUCCIONES:

a) En un recipiente no reactivo, combine los trozos de pescado con el jugo de limón, asegurándose de que el pescado quede completamente cubierto.

b) Déjalo marinar en el frigorífico durante unos 20-30 minutos hasta que el pescado se vuelva opaco.

c) Escurre el jugo de lima del pescado y desecha el jugo.

d) En un recipiente aparte, combine el pescado marinado con la cebolla morada, el rocoto o los chiles habaneros, el cilantro, la menta y el ajo. Mezcle suavemente para combinar.

e) Sazone con sal y pimienta negra recién molida al gusto. Ajuste la cantidad de chiles rocoto o habaneros según el nivel de picante deseado.

f) Deje marinar el ceviche en el refrigerador durante 10 a 15 minutos más para permitir que los sabores se mezclen.

g) Sirve el ceviche frío sobre una cama de hojas de lechuga, adornado con rodajas de camote cocido y granos de elote.

11. Ceviche Marinado Picante

INGREDIENTES:
- 1 libra de filetes de pescado fresco (como platija, lenguado o pargo), en rodajas finas
- Jugo de 3-4 limas
- 2 cucharadas de pasta de ají amarillo
- 2 dientes de ajo, picados
- 1 cucharada de salsa de soja
- 1 cucharada de aceite de oliva
- 1 cucharadita de azúcar
- Sal al gusto
- Pimienta al gusto
- Cilantro fresco, picado, para decorar
- Cebolla morada, en rodajas finas, para decorar
- Pimiento rocoto o ají rojo, en rodajas finas, para decorar

INSTRUCCIONES:
a) Coloque los filetes de pescado en rodajas finas en un plato poco profundo.
b) En un bol, combine el jugo de limón, la pasta de ají amarillo, el ajo picado, la salsa de soja, el aceite de oliva, el azúcar, la sal y la pimienta. Batir hasta que esté bien combinado.
c) Vierta la marinada sobre el pescado, asegurándose de que cada rebanada quede cubierta uniformemente.
d) Deje marinar el pescado en el frigorífico durante unos 10-15 minutos. La acidez del jugo de lima "cocinará" ligeramente el pescado.
e) Coloca las rodajas de pescado marinado en una fuente para servir.
f) Rocíe un poco de la marinada sobre el pescado como aderezo.
g) Adorne el tiradito/ceviche estilo latinoamericano con cilantro fresco picado, cebolla morada en rodajas finas y rocoto o chile rojo en rodajas.
h) Sirva el tiradito/ceviche estilo latinoamericano inmediatamente como aperitivo o plato principal ligero.

12. Tamales al estilo latinoamericano

INGREDIENTES:
- 2 tazas de masa harina (harina de maíz)
- ½ taza de aceite vegetal
- 1 taza de caldo de pollo o cerdo
- 1 cucharadita de pasta de ají amarillo (pasta de ají amarillo al estilo latinoamericano)
- ½ taza de pollo o cerdo cocido y desmenuzado
- 2 huevos cocidos, rebanados
- Aceitunas y pasas en rodajas para relleno
- Hojas de plátano o hojas de maíz para envolver.

INSTRUCCIONES:

a) En un tazón grande, combine la masa harina, el aceite vegetal, el caldo de pollo o cerdo y la pasta de ají amarillo. Mezcla hasta tener una masa suave.

b) Toma una hoja de plátano o una hoja de maíz, coloca sobre ella una cucharada de masa y extiéndela.

c) Agrega una rodaja de huevo, un poco de carne desmenuzada, aceitunas y pasas al centro de la masa.

d) Dobla la hoja de plátano o la hoja de maíz para envolver el tamal, creando un paquete ordenado.

e) Cocine los tamales al vapor durante aproximadamente 45 minutos a 1 hora, hasta que estén cocidos y firmes.

f) Sirva los tamales con salsa criolla o ají adicional si lo desea.

13. Ceviche de Almeja Negra

INGREDIENTES:
- 1 libra de almejas negras frescas (conchas negras), limpias y descascaradas
- 1 cebolla morada, en rodajas finas
- 2-3 rocotos u otros chiles picantes, finamente picados
- 1 taza de jugo de limón recién exprimido
- ½ taza de jugo de limón recién exprimido
- Sal al gusto
- Hojas de cilantro fresco, picadas
- Granos de maíz (opcional)
- Camote, hervido y en rodajas (opcional)
- Hojas de lechuga (opcional)

INSTRUCCIONES:

a) Enjuague bien las almejas negras con agua fría para eliminar la arena o la arenilla. Pele las almejas con cuidado, deseche las conchas y reserve la carne. Picar la carne de almeja en trozos pequeños.

b) En un tazón no reactivo, combine las almejas negras picadas, las rodajas de cebolla morada y el rocoto o chiles.

c) Vierta el jugo de lima y limón recién exprimido sobre la mezcla de almejas, asegurándose de que todos los ingredientes queden cubiertos por el jugo de cítricos. Esto ayudará a "cocinar" las almejas.

d) Sazona con sal al gusto y mezcla todo suavemente.

e) Cubra el recipiente con papel film y refrigere durante aproximadamente 30 minutos a 1 hora. Durante este tiempo, el ácido del jugo de cítricos marinará y "cocinará" aún más las almejas.

f) Antes de servir, prueba el ceviche y ajusta la sazón si es necesario.

g) Adorne con hojas de cilantro recién picadas.

h) Opcional: Sirva el ceviche con granos de maíz hervidos, camotes en rodajas y hojas de lechuga para darle textura y acompañamiento.

i) Sirva el Ceviche de Conchas Negras/Ceviche de Almeja Negra frío como aperitivo o plato principal. Disfrútalo con granos de maíz tostados (cancha) o tortillas de maíz crujientes.

j) Nota: Es importante utilizar almejas negras frescas y de buena calidad para este ceviche. Asegúrese de que las almejas provengan de proveedores confiables de mariscos y de que se limpien adecuadamente antes de usarlas.

14. Patata Rellena

INGREDIENTES:
- 4 patatas grandes, peladas y cortadas en cuartos
- 1 cucharada de aceite vegetal
- 1 cebolla pequeña, finamente picada
- 2 dientes de ajo, picados
- ½ libra de carne molida o carne molida de tu elección
- 1 cucharadita de comino molido
- ½ cucharadita de pimentón
- Sal y pimienta para probar
- 2 huevos duros, picados
- 12 aceitunas, deshuesadas y picadas
- Aceite vegetal para freír

INSTRUCCIONES:
a) Coloque las patatas en una olla grande con agua con sal y déjelas hervir.
b) Cocine las patatas hasta que estén tiernas, unos 15-20 minutos.
c) Escurre las patatas y transfiérelas a un bol grande.
d) Triture las patatas hasta que quede suave y reserve.
e) En una sartén, calienta el aceite vegetal a fuego medio.
f) Agrega la cebolla picada y el ajo picado y sofríe hasta que estén suaves y traslúcidos.
g) Agregue la carne molida a la sartén y cocine hasta que esté dorada y completamente cocida. Rompe los trozos grandes de carne con una cuchara.
h) Sazone la mezcla de carne con comino molido, pimentón, sal y pimienta. Revuelva bien para combinar las especias de manera uniforme.
i) Retire la sartén del fuego y agregue los huevos duros picados y las aceitunas.
j) Mezclar todo hasta que esté bien incorporado.
k) Tome una porción de puré de papas (aproximadamente del tamaño de una pelota de tenis pequeña) y aplánela en su mano. Coloca una cucharada de la mezcla de carne en el centro de la papa aplanada y dale forma a la masa de papa alrededor del relleno, formando una bola. Repita el proceso con el resto del puré de papas y la mezcla de carne.
l) En una sartén grande o freidora, caliente suficiente aceite vegetal para freír a fuego medio. Coloca con cuidado las bolas de papa en el aceite caliente y fríelas hasta que estén doradas y crujientes por todos lados. Retire las Papa Rellena del aceite y escúrralas en un plato forrado con papel toalla.
m) Sirve la Papa Rellena caliente como aperitivo o plato principal. Se pueden disfrutar solos o con una guarnición de salsa criolla (un condimento tradicional de cebolla y tomate al estilo latinoamericano) o salsa de ají (una salsa picante al estilo latinoamericano).
n) Disfruta de los deliciosos sabores de las Papas Rellenas mientras aún están calientes y crujientes.

15. Palitos de queso con salsa para mojar

INGREDIENTES:
- 12 envoltorios de rollitos de huevo (o envoltorios de wonton)
- 12 rebanadas de queso fresco (queso blanco fresco)
- 1 huevo batido (para sellar los envoltorios)
- Aceite para freír

Para la salsa para mojar:
- 2 cucharadas de pasta de ají amarillo
- ¼ taza de mayonesa
- 1 cucharada de jugo de lima
- Sal y pimienta para probar

INSTRUCCIONES:
a) Extiende un envoltorio de rollito de huevo, coloca una rodaja de queso fresco en el centro y enróllalo sellando los bordes con huevo batido.
b) Calentar aceite en una sartén para freír.
c) Fríe los tequeños hasta que estén dorados y crujientes.
d) Para la salsa, mezcle la pasta de ají amarillo, la mayonesa, el jugo de limón, la sal y la pimienta.
e) Sirve los tequeños con la salsa para mojar.

16. Papas Fritas De Yuca

INGREDIENTES:
- 2 libras de yuca (yuca), pelada y cortada en papas fritas
- Aceite para freír
- Sal al gusto

INSTRUCCIONES:

a) Caliente el aceite en una freidora o en una olla grande a 350 °F (175 °C).

b) Fríe las yucas fritas en tandas hasta que estén doradas y crujientes, aproximadamente de 4 a 5 minutos.

c) Retirar y escurrir sobre toallas de papel.

d) Espolvorea con sal y sirve caliente.

17. Ceviche al estilo latinoamericano

INGREDIENTES:
- 1 libra de pescado blanco (como lubina o lenguado), cortado en trozos pequeños
- 1 taza de jugo de limón fresco
- 1 cebolla morada, finamente cortada
- 2-3 ají limo (u otros chiles picantes), finamente picados
- 1-2 dientes de ajo, picados
- 1 batata, hervida y cortada en rodajas
- 1 mazorca de maíz, hervida y cortada en rodajas
- cilantro fresco, picado
- Sal y pimienta para probar

INSTRUCCIONES:

a) En un tazón grande, combine el pescado y el jugo de limón. El ácido del jugo de lima "cocinará" el pescado. Déjalo marinar durante unos 10-15 minutos.

b) Agregue la cebolla morada en rodajas y el ají limo al pescado marinado. Mezclar bien.

c) Sazone con ajo picado, sal y pimienta.

d) Sirve el ceviche con rodajas de camote hervido, rodajas de maíz y una guarnición de cilantro fresco.

18. Papas Estilo Huancayo

INGREDIENTES:
- 4 papas amarillas grandes
- 1 taza de salsa de ají amarillo (hecha con chiles amarillos estilo latinoamericano)
- 1 taza de queso fresco (queso fresco estilo latinoamericano), desmenuzado
- 4 galletas saladas
- ¼ taza de leche evaporada
- 2 cucharadas de aceite vegetal
- 2 huevos duros, rebanados
- Aceitunas negras para decorar
- Hojas de lechuga (opcional)

INSTRUCCIONES:
a) Hervir las patatas hasta que estén blandas, pelarlas y cortarlas en rodajas.
b) En una licuadora, combine la salsa de ají amarillo, el queso fresco, las galletas saladas, la leche evaporada y el aceite vegetal. Licúa hasta tener una salsa cremosa.
c) Coloque las rodajas de papa en un plato (sobre hojas de lechuga si lo desea).
d) Vierte la salsa huancaína sobre las papas.
e) Adorne con rodajas de huevo duro y aceitunas negras.
f) Servir frío.

19. Aguacate Relleno

INGREDIENTES:
- 2 aguacates maduros, partidos por la mitad y sin hueso
- 1 lata de atún, escurrida
- ¼ taza de mayonesa
- ¼ de taza de cilantro fresco picado
- ¼ de taza de cebolla morada, finamente picada
- Jugo de lima
- Sal y pimienta para probar
- Hojas de lechuga para servir

INSTRUCCIONES:

a) Saque un poco de la pulpa del aguacate del centro de cada mitad de aguacate para crear un hueco.

b) En un bol mezcla el atún, la mayonesa, el cilantro, la cebolla morada y un chorrito de zumo de lima. Condimentar con sal y pimienta.

c) Rellena las mitades de aguacate con la mezcla de atún.

d) Servir sobre una cama de hojas de lechuga.

e) ¡Disfruta de estos aperitivos y refrigerios adicionales al estilo latinoamericano!

20. Sardinas Rellenas

INGREDIENTES:

- 14 sardinas grandes (o 20 pequeñas)
- 14-20 hojas de laurel frescas
- 1 naranja, cortada por la mitad a lo largo y luego en rodajas
- para el relleno
- 50 g (2 oz) de grosellas
- 4 cucharadas de aceite de oliva virgen extra
- 1 cebolla, finamente picada
- 4 dientes de ajo, finamente picados
- pizca de chiles secos triturados
- 75 g (3 oz) de pan rallado blanco fresco
- 2 cucharadas de perejil de hoja plana recién picado
- 15 g (½ oz) de filetes de anchoa en aceite de oliva, escurridos
- 2 cucharadas de alcaparras pequeñas, picadas
- ralladura de ½ naranja pequeña, más jugo de naranja
- 25 g (1 oz) de queso pecorino o parmesano finamente rallado
- 50 g (2 oz) de piñones, ligeramente tostados

INSTRUCCIONES:

a) Para el relleno, cubra las grosellas con agua caliente y déjelas reposar durante 10 minutos para que se llenen. Caliente el aceite en una sartén, agregue la cebolla, el ajo y los chiles secos machacados y cocine a fuego lento durante 6 a 7 minutos hasta que la cebolla esté suave pero no dorada. Retire la sartén del fuego y agregue el pan rallado, el perejil, las anchoas, las alcaparras, la ralladura y el jugo de naranja, el queso y los piñones. Escurre bien las grosellas y revuelve, luego sazona al gusto con sal y pimienta.

b) Vierta aproximadamente 1½ cucharada del relleno a lo largo de la cabeza de cada sardina y enróllelas hacia la cola. Empaquételos bien en la fuente para hornear poco profunda engrasada .

c) Sazona el pescado ligeramente con sal y pimienta, rocía un poco más de aceite y hornea por 20 minutos. Sirva a temperatura ambiente o frío como parte de una variedad de antipasti.

21. Camarones Picantes Al Estilo Brasileño

INGREDIENTES:
- 2 libras de camarones jumbo, pelados y desvenados
- 1 cucharada de ajo picado
- 1 cucharada de chiles de cayena rojos frescos, finamente picados y sin semillas
- ½ taza de aceite de oliva virgen extra, preferiblemente importado de Brasil
- ½ taza de aceite de oliva virgen extra
- Salsa de pimiento rojo picante, al gusto

INSTRUCCIONES:

a) En una fuente de vidrio para horno, mezcle los camarones con el ajo, los chiles y el aceite de oliva. Cubra y deje marinar, refrigerado, durante al menos 24 horas. Precaliente la parrilla o el asador y cocine los camarones, untándolos ocasionalmente con la marinada, durante 2 a 3 minutos por lado.

b) En un tazón pequeño, mezcle ½ taza de aceite de oliva y salsa de pimiento rojo picante al gusto.

c) Sirva los camarones asados calientes con la salsa para mojar.

GUARNICIÓN

22.pozole

INGREDIENTES:
- 1-1/2 tazas de maíz seco
- 1/2 taza de cebolla picada
- 1/2 taza de chiles verdes frescos asados, pelados y picados de Nuevo México, Anaheim o Poblano
- 1 cucharadita de orégano de hojas secas
- 1/4 taza de tomate picado
- 3/4 cucharadita de sal
- 1/2 cucharadita de pimienta negra recién molida

INSTRUCCIONES:

a) Remoja el maíz. El día antes de que planees servir el pozole, coloca el maíz molido en un recipiente, cúbrelo con varios centímetros de agua y déjalo en remojo a temperatura ambiente durante 24 horas.

b) Cocina el pozole. Escurre el maíz molido y desecha el agua de remojo. Enjuague el maíz, póngalo en una olla y cúbralo con 2 pulgadas de agua. Deje hervir, agregue los ingredientes restantes y cocine a fuego lento, parcialmente cubierto, hasta que los granos estén al dente y parezcan a punto de estallar, aproximadamente de 2 a 2-1/2 horas.

c) Destapa la olla y continúa cocinando a fuego lento hasta que casi todo el líquido se haya evaporado.

23. Nopal a la parrilla

INGREDIENTES:
- 4 paletas de tuna medianas pero finas Sal
- Spray para cocinar

INSTRUCCIONES:

a) Encienda un fuego de carbón o leña o precaliente una parrilla de gas a temperatura alta.

b) Prepara los cactus. Retire las espinas o nudos de las paletas con un cuchillo de pelar o con la punta de un pelador de verduras, utilizando unas pinzas y con mucho cuidado de no lastimarse con las espinas. Corte y deseche aproximadamente 1/4 de pulgada del perímetro de cada paleta. Haga rodajas paralelas en las paletas a lo largo de aproximadamente 1 pulgada de distancia, desde la parte superior redondeada hasta aproximadamente 2 pulgadas de la base de cada paleta. Mezcle las paletas con suficiente sal para cubrir ambos lados y déjelas reposar durante 15 minutos en un colador o en un plato.

c) Asa los cactus. Enjuague la sal, seque el cactus y rocíe generosamente ambos lados con aceite en aerosol. Ase por ambos lados hasta que estén tiernos y sirva con alimentos asados.

24. Chiles Anchos Rellenos

INGREDIENTES:
PARA LOS CHILES
- 1 cucharada de aceite
- 2 tazas de cebolla blanca en rodajas finas
- 3 dientes de ajo, pelados y machacados
- 2 cucharadas de pasta de tamarindo disueltas en 2 tazas de agua caliente
- 1 taza de melao (jarabe de caña) o azúcar moreno
- 1/2 cucharadita de orégano de hojas secas
- 1/2 cucharadita de tomillo seco
- 1/2 cucharadita de sal
- 8 chiles anchos medianos a grandes, cortados por un lado y sin semillas

PARA EL LLENADO
- 4 tazas de batatas asadas con ajo
- Zanahorias asadas
- 2 onzas de queso de cabra, rallado
- Pizca de sal
- 2 cucharaditas de aceite de oliva virgen extra

INSTRUCCIONES:
a) Prepara los chiles. Calienta el aceite a fuego bajo a medio en una cacerola mediana. Añade la cebolla y cocina hasta que se dore ligeramente. Agrega el ajo y cocina un minuto más.
b) Agrega el agua con sabor a tamarindo, el melao, el orégano, el tomillo y la sal.
c) Agregue los chiles, cubra y cocine a fuego lento durante 10 minutos.
d) Retire la sartén del fuego, destape y enfríe durante al menos 10 minutos.
e) Haz el relleno. Mientras los chiles se enfrían, combine las batatas y/o zanahorias y el queso fresco o panela. Batir la sal y el aceite y mezclarlo con las verduras.
f) Rellena y sirve los chiles. Con una espumadera grande, retire los chiles a un colador y escúrralos durante 5 minutos.
g) Con cuidado, vierta aproximadamente 1/4 de taza del relleno en cada chile y coloque 2 en cada uno de los cuatro platos. Vierta un poco de cebolla sobre cada porción y cubra con el queso. Servir a temperatura ambiente.

25. Frijoles estilo latinoamericano

INGREDIENTES:
- 1 libra Frijoles, secos
- 1 Cebolla, cortada en cubitos
- ¼ Pimiento verde, cortado en cubitos
- 3 Dientes de ajo, cortados en cubitos
- 8 onzas Salsa de tomate
- 2 cucharadas Aceite de oliva
- 2 cucharaditas Sal
- 1 cucharadita Sal
- 2 tazas Agua
- 1 taza Arroz de grano largo

INSTRUCCIONES:

a) PREPARAR LOS FRIJOLES: Remoje los frijoles durante al menos dos horas (durante la noche también está bien). Cambiar el agua y llevar a ebullición.

b) Agrega la cebolla, el pimiento y el ajo; cubra y cocine a fuego lento durante 1 hora.

c) Agrega la salsa de tomate, el aceite de oliva y la sal: tapa y cocina a fuego lento 1 hora más.

d) Lleva el agua a ebullición. Agrega el arroz y la sal.

e) Tapar y dejar cocinar a fuego lento durante 20 minutos.

RED ELÉCTRICA

26. Caldo gallego

INGREDIENTES:
- ½ libras Frijoles blancos secos; empapado durante la noche,
- y drenado
- 1 libra Muslos de pollo
- ½ libras chorizo estilo español o latinoamericano; cortar en trozos de 1/2"
- ½ libras Jamón; Cortado
- ¼ de libras Carne de cerdo salada; cortado en cubitos
- 1 mediano Cebolla amarilla; pelado y picado
- 3 Dientes de ajo; pelado y picado
- 2 cucharaditas salsa inglesa
- Salsa de tabasco; unos guiones al gusto
- 2½ cuarto Agua
- ½ libras Papas; pelados, en cuartos,
- y rebanado
- ½ libras Col verde; rebanado fino
- 2 tazas Col rizada; tallos duros eliminados,
- Y cortado en rodajas finas
- ½ libras Nabos; pelados, en cuartos,
- y rebanado
- Sal; probar
- Pimienta negra recién molida; probar
- Eneldo fresco picado para decorar; (opcional)

INSTRUCCIONES:

a) Coloque los frijoles escurridos, el pollo, el chorizo, el jamón, el cerdo salado, la cebolla, el ajo, la salsa inglesa, la salsa Tabasco y el agua en una olla de sopa de 6 a 8 cuartos.

b) Llevar a ebullición y luego bajar a fuego lento. Cocine tapado durante 45 minutos.

c) Retire los trozos de pollo de la olla y deshueselos. Reserva la carne y desecha los huesos. Agrega los ingredientes restantes a la olla, excepto la sal, la pimienta y el pollo. Cocine a fuego lento, tapado, durante 25 minutos, luego agregue sal y pimienta.

d) Regrese la carne de pollo a la olla y cocine a fuego lento durante unos minutos más. Cubra con el eneldo opcional.

27. Carne de cerdo y frijoles

INGREDIENTES:
- 1 cucharada Aceite de canola
- 6 Costillas de lomo de cerdo
- 1 mediano Zanahoria - cubos de 1/2"
- 2 medianos Cebollas - en cubos
- 6 Dientes de ajo
- 3 hojas de laurel
- 1 cucharadita Orégano
- 1 libra ¿Pueden los tomates enteros?
- 1 pequeño Chile jalapeño - picado
- 2 cucharaditas Sal
- 1 libra Frijoles secos
- 1 manojo Cilantro

INSTRUCCIONES:
a) Calienta el aceite en una cacerola resistente. Cuando esté caliente agrega la carne de cerdo en una capa y cocínala a fuego medio durante unos 30 minutos, dándole vuelta hasta que se dore por todos lados. Agrega 4 tazas de agua fría y todos los ingredientes restantes excepto las hojas de cilantro picadas.
b) Llevar a ebullición, reducir el fuego a bajo, tapar y cocinar a fuego lento durante 1+¾ a 2 horas, hasta que la carne esté tierna.
c) Dividir en cuatro platos individuales, espolvorear con las hojas de cilantro picadas y servir con Arroz Amarillo.

28. rojos y arroz

INGREDIENTES:
- ¼ de taza Aceite de oliva
- 2 tazas Cebollas picadas
- 1 cucharada Ajo molido
- 1 libra Frijoles rojos secos; enjuagado, empapado; y escurrido (hasta)
- 5 tazas Caldo de pollo
- 2 hojas de laurel
- 1 Pedazo de canela en rama
- Salsa de pimiento picante al gusto

INSTRUCCIONES:

a) Calienta el aceite en una cacerola grande y pesada. Agregue las cebollas y saltee, revolviendo, hasta que estén cubiertas de aceite. Tape y cocine a fuego muy lento, revolviendo ocasionalmente, hasta que se doren, aproximadamente 15 minutos. Agregue el ajo y saltee, sin tapar, durante 3 minutos.

b) Agrega los frijoles y el caldo a la cebolla. Calentar hasta que hierva y cocinar, tapado, a fuego lento durante 2 horas. Agrega las hojas de laurel y la canela. Tape y continúe cocinando hasta que los frijoles estén muy tiernos, aproximadamente 1 hora más.

c) Sazone con sal y salsa picante de pimiento rojo. Los frijoles se pueden preparar hasta 24 horas antes de servir. Vuelva a calentar agregando caldo adicional si es necesario.

29. de arroz con gandules

INGREDIENTES:
- ½ libras Gandules secos (guandúes); enjuagado
- 3 tazas Agua
- 1 onza Carne de cerdo salada; picado pequeño
- 2 Dientes de ajo; pelado y triturado
- 1 cucharada Aceite de oliva
- 1 mediano Pimiento rojo; sin corazón, sin semillas,
- Y picado pequeño
- 1 mediano Pimiento verde; sin corazón, sin semillas,
- Y picado pequeño
- 1 mediano Cebolla amarilla; picado pequeño
- 1 mediano Tomate; picado pequeño
- 1 cucharada Aceite de achiote
- 1 taza Arroz convertido del tío Ben
- Pimienta negra recién molida; probar
- 2 tazas Agua fría
- Sal; probar

INSTRUCCIONES:

a) En una olla pequeña poner a hervir los gandules y 3 tazas de agua. Tapar, apagar el fuego y dejar reposar 1 hora.

b) Escurrir los guisantes reservando el agua. En una olla de 6 cuartos saltee el cerdo salado, el jamón y el ajo en el aceite de oliva durante unos minutos. Agrega ambos pimientos morrones y la cebolla, tapa y cocina a fuego medio hasta que la cebolla comience a ponerse transparente.

c) Agrega el tomate, las gandules escurridas y 1½ tazas del agua reservada. Cocine a fuego lento, tapado, durante 15 minutos hasta que los guisantes estén casi tiernos y se haya agotado la mayor parte del líquido.

d) Agrega el aceite de achiote, el arroz, la pimienta negra y 2 tazas de agua fría.

e) Deje hervir y cocine a fuego lento, tapado, durante 15 a 20 minutos hasta que se absorba el líquido y el arroz esté tierno. Agregue sal si es necesario.

30. Asopado de mariscos

INGREDIENTES:
- 1 Cebolla; cortado en cubitos
- 1 Pimiento rojo; cortado en cubitos
- 1 Pimiento verde; cortado en cubitos
- 2 Trozos de apio; cortado en cubitos
- Conchas de camarones del plato de arroz
- Conchas de langosta del plato de arroz
- ½ taza vino blanco
- ½ taza Salsa de tomate
- 2 cuartos Agua
- 1 Cebolla; cortado en cubitos
- 1 Pimiento rojo; cortado en cubitos
- 1 Pimiento verde; cortado en cubitos
- 2 Morrones asados; cortado en cubitos
- 2 tazas Arroz
- 8 tazas Caldo de mariscos
- ½ libras Carne de cangrejo
- 1 pizca Azafrán
- 1 libra Langosta; al vapor
- ½ libras Camarón
- ½ taza Guisantes dulces

INSTRUCCIONES:

a) Saltee la cebolla, el pimiento y el apio. Agregue las cáscaras y cocine por 5 minutos. Agrega el vino blanco y la salsa de tomate. Agregue agua y cocine a fuego lento durante 45 minutos. Colar y reservar el caldo.

b) Saltee las cebollas, los pimientos y agregue los pimientos asados. Agregue el arroz y saltee hasta que esté transparente.

c) Agregue el caldo de mariscos, la carne de cangrejo y el azafrán y cocine durante unos 15 minutos a fuego lento. Agregue la langosta, los camarones y los guisantes dulces. Calentar 3 minutos antes de servir.

31.Chorizo vegano casero

INGREDIENTES:
- 1 bloque (12 oz) de tofu, extra firme
- ½ libra de champiñones, finamente picados
- 6 chile guajillo, seco, sin semillas
- 2 chile ancho, seco y sin semillas
- 4 Chile de Árbol, seco
- 4 dientes de ajo
- 1 cucharada. Orégano, seco
- ½ cucharadita comino, molido
- 2 dientes, enteros
- 1 cucharada. pimentón, molido
- ½ cucharadita cilantro, molido
- 2 cucharadas. Aceite vegetal, opcional

INSTRUCCIONES:

a) Retire el tofu del paquete y colóquelo entre dos platos pequeños. Colocar una lata encima de los platos y dejar así durante 30 min.

b) Ponga a hervir una olla pequeña con agua. Retire los tallos y las semillas de los chiles y deséchelos. Echa los chiles al agua hirviendo. Baje el fuego al mínimo y deje que los chiles reposen en el agua durante 10 minutos.

c) Retire los chiles del agua y colóquelos en la licuadora. Reserva ½ taza del líquido de remojo de los chiles.

d) Agrega el ajo, el orégano, el comino, el clavo, el pimentón, el cilantro y ¼ de taza de líquido de remojo a la licuadora y procesa hasta que quede suave. Si es necesario, agregue el ¼ de taza restante del líquido de remojo para que todo se mueva en la licuadora.

e) Sazona la mezcla de chiles con sal y pimienta y pasa por un colador fino. Dejar de lado.

f) Escurre el agua del tofu y desmenúzalo con las manos en un bol grande. Vierta la mitad de la mezcla de puré de chile en el tazón con el tofu y revuelva para combinar. Dejar de lado.

g) Calienta una sartén grande a fuego alto y agrega 1 cucharada. de aceite. Una vez que el aceite esté caliente agregue los champiñones finamente picados y continúe cocinando hasta que los champiñones comiencen a dorarse, aproximadamente 6-7 min.

h) Baje el fuego a medio-bajo y vierta la mitad restante de la mezcla de chile. Revuelve y continúa cocinando durante 3-4 minutos, hasta que los champiñones comiencen a absorber la mezcla de chile. Retirar de la sartén y colocar en un tazón grande.

i) Calienta una sartén antiadherente a fuego medio, agrega 1 cucharada. de aceite. Agregue la mezcla de tofu y continúe cocinando hasta que el líquido comience a evaporarse y el tofu esté crujiente, de 7 a 8 minutos. Puedes hacer el tofu tan crujiente como quieras. (Tenga cuidado de no abarrotar la sartén o el tofu nunca quedará crujiente).

j) Vierta la mezcla de tofu cocido en el tazón con los champiñones y mezcle bien para combinar. Ajustar el condimento.

32. Torta Ahogada

INGREDIENTES:
TORTAS:
- 2 bolillos o baguettes de 6 pulgadas de largo, partidos por la mitad
- 1 taza de frijoles refritos, usando frijoles negros
- 1 aguacate Hass maduro, sin hueso y pelado

SALSA:
- 30 Chiles de Árbol, sin tallos, sin semillas y rehidratados
- 3 dientes de ajo
- 1 taza de agua
- 1 cucharadita Orégano seco estilo latinoamericano
- 1/2 cucharadita Comino molido
- 1/2 cucharadita Pimienta negra recién molida
- 1/8 cucharadita. clavo molido
- 1 cucharadita Sal

GUARNACIONES:
- 2 rábanos, en rodajas finas
- 8 a 12 cebollas blancas encurtidas, separadas en aros
- Rodajas de limón

INSTRUCCIONES:
TORTAS
a) Tuesta ligeramente los panecillos o baguettes. Calienta los frijoles y extiéndelos uniformemente en cada rollo. Agrega las rodajas de aguacate. Coloca los sándwiches en tazones.

SALSA:
b) En una licuadora o procesador de alimentos, haga puré los chiles de árbol rehidratados, el ajo, el agua, el orégano latinoamericano , el comino, la pimienta, los clavos y la sal. (Cuela si quieres una salsa muy suave).

c) Vierta la salsa sobre los sándwiches. Adorne los sándwiches con los rábanos en rodajas y las cebollas encurtidas y sírvalos con rodajas de lima. Cómete estas tortas con tenedor y muchas servilletas.

33. Arroz Huérfano

INGREDIENTES:
- Arroz de azafrán
- 1 cucharada de sustituto de aceite de cocina
- 1/2 taza de almendras laminadas blanqueadas
- 1/3 taza de piñones
- 3 onzas de jamón bajo en sodio, finamente picado

INSTRUCCIONES:

a) Saltear las nueces. Mientras se cocina el arroz con azafrán, calienta una sartén a fuego medio. Agrega el aceite de cocina, y cuando se haya derretido agrega las nueces.

b) Saltee las nueces, revolviendo constantemente, hasta que las almendras comiencen a dorarse. Retire la sartén del fuego, agregue el jamón y reserve.

c) Termina el arroz. Después de agregar el perejil al arroz con azafrán, agregue las nueces cocidas y el jamón, cubra la olla y deje que el arroz se cocine al vapor durante los últimos 10 minutos.

34. Frijoles de Olla

INGREDIENTES:
- 4 cuartos de agua
- 3 cucharadas de sal
- 1 libra de frijoles pintos o negros
- 3 dientes de ajo, picados
- 1/3 taza de cebolla blanca picada
- 1 cucharadita de orégano de hojas secas
- 1 litro de agua y un poco más si es necesario
- 2 ramitas de epazote (opcional con frijoles negros)
- Sal al gusto

INSTRUCCIONES:

a) Calentar y remojar los frijoles. Pon los 4 cuartos de agua, la sal y los frijoles en una olla.

b) Llevar a ebullición, tapar la olla, retirarla del fuego y dejar reposar los frijoles durante 1 hora.

c) Deseche el agua de remojo, enjuague bien los frijoles, enjuague la olla y devuélvalos a ella.

d) Termina los frijoles. Pon el ajo, la cebolla, el orégano y 1 taza de agua en una licuadora y haz puré. Agrega 3 tazas más de agua y licúa brevemente.

e) Vierte el líquido licuado en la olla con los frijoles, deja hervir y agrega el epazote, si lo usas. Cocine a fuego lento los frijoles, tapados excepto aproximadamente 1/2 pulgada, o lo suficiente para permitir que escape algo de vapor, hasta que estén tiernos.

35. Frijoles charros o borrachos

INGREDIENTES:
- Frijoles de Olla
- 1/2 cucharada de aceite de oliva virgen extra
- 1-1/2 onzas (aproximadamente 3 cucharadas) de chorizo estilo latinoamericano, sin piel y finamente picado
- 3/4 taza de cebolla blanca picada
- 2 dientes de ajo, finamente picados
- 1 cucharada de chile serrano finamente picado
- 1 taza de tomates triturados
- 1/2 cucharada de orégano de hojas secas
- 1/4 taza de cilantro suelto

INSTRUCCIONES:

a) Saltear y añadir las verduras. Cuando los Frijoles de Olla estén casi cocidos, calienta el aceite de oliva en una sartén a fuego medio. Agrega el chorizo y cocina hasta que se haya derretido la mayor parte de la grasa. Agrega la cebolla, el ajo y el chile y continúa cocinando hasta que comiencen a ablandarse.

b) Agregue los tomates y el orégano y continúe cocinando hasta que los tomates triturados comiencen a espesarse y pierdan su sabor metálico, aproximadamente 5 minutos.

c) Agrega el cilantro y luego vierte el contenido de la sartén en los frijoles.

d) Termina los frijoles. Agrega la sal y cocina a fuego lento durante 5 minutos.

36. Frijoles Refritos

INGREDIENTES:
- 2 tazas de Frijoles de Olla hechos con frijoles pintos o negros, o frijoles ligeramente salados o sin sal, reservando el caldo
- 1 taza de caldo de frijoles
- 2 cucharaditas de chile chipotle picado
- 1/2 cucharadita de comino molido
- 1/2 cucharadita de orégano de hojas secas
- 2 cucharadas de aceite de oliva virgen extra
- 2 dientes de ajo, picados

INSTRUCCIONES:

a) Procesa los frijoles. Coloca los frijoles en un procesador de alimentos y agrega el caldo, el chile chipotle, el comino y el orégano. Procese hasta que los frijoles estén suaves y agregue más caldo si parecen demasiado espesos.

b) Cocine los frijoles. Calienta una sartén a fuego medio y agrega la grasa o aceite. Agrega el ajo y deja que se cocine por unos segundos, luego agrega el puré de frijoles. Cocine, revolviendo constantemente, hasta que los frijoles estén completamente calientes y tan espesos o finos como desee.

c) Sirva cubierto con el queso, si lo desea.

37. Frijoles estilo Santa María

INGREDIENTES:
- 1 libra de frijoles pinquitos, remojados
- 1 cucharada de aceite de oliva virgen extra
- 1/2 taza de jamón bajo en sodio, cortado en dados de 1/4 de pulgada
- 3 dientes de ajo, picados
- 3/4 taza de tomates triturados
- 1/4 taza de salsa de chile
- 1 cucharada de néctar de agave o azúcar
- 2 cucharadas de perejil picado

INSTRUCCIONES:

a) Cocine los frijoles. Escurre los frijoles, colócalos en una olla y cúbrelos con agua aproximadamente 1 pulgada. Deje hervir, cubra parcialmente la olla y cocine a fuego lento hasta que estén tiernos, de 45 a 90 minutos. Revíselos con frecuencia ya que probablemente tendrá que agregar más agua de vez en cuando.

b) Prepara la salsa para condimentar.

c) Pon el aceite de oliva en una sartén a fuego medio y agrega el ajo y cocina 1 minuto. Agregue los tomates, la salsa de chile, el néctar de agave y la sal y cocine a fuego lento la salsa hasta que comience a espesarse, de 2 a 3 minutos.

d) Termina los frijoles. Cuando los frijoles estén tiernos, escurra todo menos 1/2 taza del líquido y agregue la salsa sazonadora. Cocine los frijoles durante 1 minuto, agregue el perejil y sirva.

TACOS

38. Tacos de rajas con crema

INGREDIENTES:
RELLENO:
- 5 chiles poblanos, asados, pelados, sin semillas y cortados en tiras
- 1/4 de agua
- 1 cebolla, blanca, grande, en rodajas finas
- 2 dientes de ajo, picados
- ½ taza de caldo o caldo de verduras

crema
- ½ taza de almendras, crudas
- 1 diente de ajo
- ¾ taza de agua
- ¼ taza de leche de almendras, sin azúcar o aceite vegetal
- 1 cucharada. Jugo de limon fresco

INSTRUCCIONES:

a) Calienta una sartén grande a fuego medio, agrega agua. Agrega la cebolla y suda durante 2-3 minutos o hasta que esté tierna y traslúcida.

b) Agrega el ajo y ½ taza de caldo de verduras, tapa y deja cocer al vapor.

c) Agrega los chiles poblanos y deja cocinar por 1 minuto más. Condimentar con sal y pimienta. Retirar del fuego y dejar enfriar un poco.

d) Coloca las almendras, el ajo, el agua, la leche de almendras y el jugo de limón en la licuadora y procesa hasta que quede suave. Condimentar con sal y pimienta.

e) Vierta la crema de almendras sobre el relleno enfriado y mezcle bien.

39.Tacos de tinga de camote y zanahoria

INGREDIENTES:
- 1/4 taza de agua
- 1 taza de cebolla blanca en rodajas finas
- 3 dientes de ajo, picados
- 2 1/2 tazas de camote rallado
- 1 taza de zanahoria rallada
- 1 lata (14 oz) de tomates cortados en cubitos
- 1 cucharadita Orégano estilo latinoamericano (opcional)
- 2 chiles chipotles en adobo
- 1/2 taza de caldo de verduras
- 1 aguacate, rebanado
- 8 tortillas

INSTRUCCIONES:

a) En una sartén grande a fuego medio, agregue el agua y la cebolla, cocine durante 3 a 4 minutos, hasta que la cebolla esté traslúcida y suave. Agrega el ajo y continúa cocinando, revolviendo durante 1 minuto.

b) Agregue la batata y la zanahoria a la sartén y cocine durante 5 minutos revolviendo con frecuencia.

c) Salsa:

d) Coloca los tomates cortados en cubitos, el caldo de verduras, el orégano y los chiles chipotles en la licuadora y procesa hasta que quede suave.

e) Agregue la salsa de tomate chipotle a la sartén y cocine durante 10 a 12 minutos, revolviendo ocasionalmente, hasta que los camotes y la zanahoria estén bien cocidos. Si es necesario, agregue más caldo de verduras a la sartén.

f) Sirva sobre tortillas calientes y cubra con rodajas de aguacate.

40. Tacos de papa y chorizo

INGREDIENTES:
- 1 cucharada. Aceite vegetal, opcional
- 1 taza de cebolla, blanca, picada
- 3 tazas de papa, pelada y cortada en cubitos
- 1 taza de chorizo vegano, cocido
- 12 tortillas
- 1 taza de tu salsa favorita

INSTRUCCIONES:

a) Calienta 1 cucharada. de aceite en una sartén grande a fuego medio-bajo. Agregue las cebollas y cocine hasta que estén suaves y traslúcidas, aproximadamente 10 minutos .

b) Mientras se cocinan las cebollas, coloque las patatas cortadas en una cacerola pequeña con agua con sal. Lleve el agua a fuego lento a fuego alto. Baja el fuego a medio y deja que las patatas se cocinen durante 5 minutos.

c) Escurre las patatas y añádelas a la sartén con la cebolla. Sube el fuego a medio-alto. Cocine las papas y las cebollas durante 5 minutos o hasta que las papas comiencen a dorarse. Agregue más aceite si es necesario.

d) Agrega el chorizo cocido a la sartén y mezcla bien. Cocine por un minuto más.

e) Condimentar con sal y pimienta.

f) Sirve con tortillas calientes y la salsa de tu elección.

41. Tacos de Calabacitas de Verano

INGREDIENTES:
- 1/2 taza de caldo de verduras
- 1 taza de cebolla, blanca, finamente picada
- 3 dientes de ajo, picados
- ¼ taza de caldo de verduras o agua
- 2 Calabacines, grandes, cortados en cubitos
- 2 tazas de tomate, cortado en cubitos
- 10 tortillas
- 1 aguacate, rebanado
- 1 taza de salsa favorita

INSTRUCCIONES:

a) En una olla grande de fondo grueso, póngala a fuego medio; Sudar la cebolla en 1/4 taza de caldo de verduras durante 2 a 3 minutos hasta que la cebolla esté transparente.

b) Agregue el ajo y vierta el ¼ de taza restante de caldo de verduras, cubra y deje cocer al vapor.

c) Destape, agregue el calabacín y cocine por 3-4 minutos, hasta que comience a ablandarse.

d) Agrega el tomate y cocina por 5 minutos más, o hasta que todas las verduras estén tiernas.

e) Sazone al gusto y sirva sobre tortillas calientes con rodajas de aguacate y salsa.

42.Tacos picantes de calabacín y frijoles negros

INGREDIENTES:
- 1 cucharada. Aceite vegetal, opcional
- ½ cebolla blanca, cortada en rodajas finas
- 3 dientes de ajo, picados
- 2 calabacines estilo latinoamericano , grandes, cortados en cubitos
- 1 lata (14,5 oz) de frijoles negros, escurridos

SALSA DE CHILE DE ÁRBOL:
- 2 - 4 Chiles de Árbol, secos
- 1 taza de almendras, crudas
- ½ cebolla, blanca, grande
- 3 dientes de ajo, sin pelar
- 1 ½ tazas de caldo de verduras, tibio

INSTRUCCIONES:
a) Calienta el aceite vegetal a fuego medio en una sartén grande. Agregue la cebolla y sude durante 2-3 minutos o hasta que la cebolla esté tierna y traslúcida.
b) Agrega los dientes de ajo y cocina por 1 minuto.
c) Agregue los calabacines y cocine hasta que estén tiernos, aproximadamente de 3 a 4 minutos. Agrega los frijoles negros y mezcla bien. Deja cocinar por 1 minuto más. Condimentar con sal y pimienta.
d) Para hacer la salsa: calienta un comal, comal o sartén de hierro fundido a fuego medio-alto. Tuesta los chiles de cada lado hasta que estén ligeramente tostados, aproximadamente 30 segundos por cada lado. Remueve de la sartén y pon a un lado.
e) Agrega las almendras a la sartén y tuesta hasta que estén doradas, aproximadamente 2 minutos. Remueve de la sartén y pon a un lado.
f) Tuesta la cebolla y el ajo hasta que estén ligeramente carbonizados, aproximadamente 4 minutos por cada lado.
g) Coloca las almendras, la cebolla, el ajo y los chiles en la licuadora. Agrega el caldo de verduras tibio. Procese hasta que quede suave. Condimentar con sal y pimienta. La salsa debe quedar espesa y cremosa.

43. Tacos de carne estilo búfalo

INGREDIENTES:
- 1 libra de carne molida (95% magra)
- 1/4 taza de salsa de pimienta de cayena para las alitas Buffalo
- 8 tacos
- 1 taza de lechuga en rodajas finas
- 1/4 taza de aderezo de queso azul preparado regular o reducido en grasa
- 1/2 taza de zanahoria rallada
- 1/3 taza de apio picado
- 2 cucharadas de cilantro fresco picado
- Palitos de zanahoria y apio o ramitas de cilantro (opcional)

INSTRUCCIONES:

a) Calienta una sartén antiadherente grande a fuego medio hasta que esté caliente. Agrega la carne molida; cocine de 8 a 10 minutos, partiendo en pequeñas migajas y revolviendo ocasionalmente. Retirar de la sartén con una espumadera; vierta la grasa. Regrese a la sartén; agregue la salsa de pimienta. Cocine y revuelva durante 1 minuto o hasta que esté completamente caliente.

b) Mientras tanto, caliente las tortillas para tacos según las instrucciones del paquete.

c) Vierta uniformemente la mezcla de carne en las tortillas para tacos. Agrega la lechuga; rocíe con el aderezo. Cubra uniformemente con zanahoria, apio y cilantro. Adorne con palitos de zanahoria y apio o ramitas de cilantro, si lo desea.

44. Envolturas para tacos de carne

INGREDIENTES:
- 3/4 libra de rosbif en rodajas finas
- 1/2 taza de salsa de frijoles negros sin grasa
- 4 tortillas de harina grandes (de aproximadamente 10 pulgadas de diámetro)
- 1 taza de lechuga en rodajas finas
- 3/4 taza de tomate picado
- 1 taza de queso rallado sazonado para tacos bajo en grasa
- salsa

INSTRUCCIONES:

a)   Unte la salsa de frijoles negros uniformemente sobre un lado de cada tortilla.

b)   Coloque capas de rosbif sobre la salsa de frijoles, dejando un borde de 1/2 pulgada alrededor de los bordes. Espolvorea cantidades iguales de lechuga, tomate y queso sobre cada tortilla.

c)   Dobla los lados derecho e izquierdo hacia el centro, superponiendo los bordes. Doble el borde inferior de la tortilla hacia arriba sobre el relleno y ciérrela.

d)   Corta cada rollo por la mitad. Sirva con salsa, si lo desea.

45.Tacos de carne a la parrilla estilo carnitas

INGREDIENTES:
- 4 filetes de res Flat Iron (aproximadamente 8 onzas cada uno)
- 18 tortillas de maíz pequeñas (de 6 a 7 pulgadas de diámetro)

ADORNOS:
- Cebolla blanca picada, cilantro fresco picado, rodajas de lima

ESCABECHE:
- 1 taza de salsa de tomatillo preparada
- 1/3 taza de cilantro fresco picado
- 2 cucharadas de jugo de lima fresco
- 2 cucharaditas de ajo picado
- 1/2 cucharadita de sal
- 1/4 cucharadita de pimienta
- 1 1/2 tazas de salsa de tomatillo preparada
- 1 aguacate grande, cortado en cubitos
- 2/3 taza de cilantro fresco picado
- 1/2 taza de cebolla blanca picada
- 1 cucharada de jugo de limón fresco
- 1 cucharadita de ajo picado
- 1/2 cucharadita de sal

INSTRUCCIONES:

a) Combine los ingredientes de la marinada en un tazón pequeño. Coloque los filetes de res y la marinada en una bolsa de plástico apta para alimentos; voltee los filetes para cubrirlos. Cierre bien la bolsa y deje marinar en el refrigerador de 15 minutos a 2 horas.

b) Retire los filetes de la marinada; deseche la marinada. Coloque los filetes en una parrilla sobre brasas medianas cubiertas de ceniza. Ase, tapado, de 10 a 14 minutos (a fuego medio en una parrilla de gas precalentada, de 12 a 16 minutos) para que esté medio cocido (145 °F) a medio (160 °F), volteándolo ocasionalmente.

c) Mientras tanto, combine los ingredientes de la salsa de aguacate en un tazón mediano. Dejar de lado.

d) Coloca las tortillas en la parrilla. Ase hasta que esté tibio y ligeramente carbonizado. Eliminar; manténgase caliente.

e) Corta los filetes en rodajas. Sirve en tortillas con salsa de aguacate. Cubra con cebolla, cilantro y rodajas de lima, al gusto.

46. Pequeñas tartas de carne para tacos

INGREDIENTES:
- 12 onzas de carne molida (95% magra)
- 1/2 taza de cebolla picada
- 1 diente de ajo, finamente picado
- 1/2 taza de salsa para tacos suave o mediana preparada
- 1/2 cucharadita de comino molido
- 1/4 cucharadita de sal
- 1/8 cucharadita de pimienta
- 2 paquetes (2,1 onzas cada uno) de mini conchas filo congeladas (30 conchas en total)
- 1/2 taza de mezcla de queso estilo latinoamericano reducido en grasa, rallado

ADORNOS:
- Lechuga rallada, tomates cherry o uva en rodajas, guacamole, crema agria baja en grasa, aceitunas maduras en rodajas

INSTRUCCIONES:
a) Calienta el horno a 350°F. Calienta una sartén antiadherente grande a fuego medio hasta que esté caliente. Agregue la carne molida, la cebolla y el ajo en una sartén antiadherente grande a fuego medio de 8 a 10 minutos, partiendo la carne en trozos pequeños y revolviendo ocasionalmente. Retire la grasa, si es necesario.

b) Agrega la salsa para tacos, el comino, la sal y la pimienta; cocine y revuelva de 1 a 2 minutos o hasta que la mezcla esté completamente caliente.

c) Coloque las masas filo en una bandeja para hornear con borde. Vierta la mezcla de carne uniformemente en las conchas. Cubra uniformemente con queso. Hornee de 9 a 10 minutos o hasta que las cáscaras estén crujientes y el queso derretido.

d) Cubra las tartas con lechuga, tomates, guacamole, crema agria y aceitunas, al gusto.

47. Sartén para tacos con queso en una olla

INGREDIENTES:
- 1 libra de carne molida magra
- 1 cebolla amarilla grande, picada
- 2 calabacines medianos, cortados en cubitos
- 1 pimiento amarillo, cortado en cubitos
- 1 paquete de condimento para tacos
- 1 lata de tomates cortados en cubitos con chiles verdes
- 1 1/2 taza de queso cheddar o Monterey jack rallado
- Cebollas verdes para decorar
- Tortillas de lechuga, arroz, harina o maíz para servir

INSTRUCCIONES:

a) Calienta una sartén antiadherente grande a fuego medio hasta que esté caliente. Agregue la carne molida, la cebolla,

b) calabacín y pimiento amarillo; cocine de 8 a 10 minutos, partiendo en pequeñas migajas y revolviendo ocasionalmente. Vierta la grasa si es necesario.

c) Agregue el condimento para tacos, 3/4 taza de agua y los tomates cortados en cubitos. Baje el fuego a bajo y cocine a fuego lento durante 7 a 10 minutos.

d) Cubra con queso rallado y cebollas verdes. No revuelvas.

e) Cuando el queso se derrita, sírvelo sobre una cama de lechuga, arroz o en tortillas de harina o maíz.

48. Tacos callejeros de falda de res

INGREDIENTES:
- 1 filete de falda, cortado en porciones de 4 a 6 pulgadas (1-1/2 a 2 libras), cortado a lo largo de la fibra en tiras finas
- 12 tortillas de maíz de seis pulgadas
- 1/2 cucharadita de sal
- 1/4 cucharadita de pimienta de cayena
- 1/2 cucharadita de ajo en polvo
- 1/2 cucharadita de ajo picado
- 1 cucharadita de aceite
- 1 taza de cebolla picada
- 1/2 taza de hojas de cilantro, picadas en trozos grandes
- 2 tazas de repollo rojo en rodajas finas

VINAGRETA DE LIMA Y CILANTRO:
- 3/4 taza de hojas de cilantro
- Jugo de 2 limas
- 1/3 taza de aceite de oliva
- 4 cucharaditas de ajo picado
- 1/4 taza de vinagre blanco
- 4 cucharaditas de azúcar
- 1/4 taza de leche
- 1/2 taza de crema agria

INSTRUCCIONES:

a) Calienta el aceite a fuego medio. Sazone el filete rebanado con sal, pimienta de cayena y ajo en polvo. Agregue el bistec a la sartén y saltee hasta que esté bien cocido (de 8 a 10 minutos). Agregue el ajo y saltee de 1 a 2 minutos más hasta que el ajo esté fragante. Retirar del fuego y cortar el filete en dados.

b) Batir todos los ingredientes para la vinagreta. Agregue la mezcla a una licuadora y presione hasta que quede suave, aproximadamente de 1 a 2 minutos.

c) Rellene las tortillas de maíz calientes (use dos por taco) con bistec, cebolla, cilantro picado y repollo. Rocíe con vinagreta y sirva.

SOPAS Y ENSALADAS

49. Sopa Tarasca

INGREDIENTES:
PARA LAS TIRAS DE TORTILLA
- 2 tortillas, cortadas en tiras de aproximadamente 2 pulgadas de largo y 1/8 de pulgada de ancho
- aceite para freír las tiras de tortilla

PARA LA SOPA
- 1 cucharada de aceite
- 2/3 taza de cebolla blanca picada
- 2 dientes de ajo, picados en trozos grandes
- 2-1/4 tazas de tomates picados sin sal con jugo
- 1 cucharada de chile ancho puro en polvo
- Aproximadamente 5 tazas de caldo de pollo bajo en sodio
- 2 hojas de laurel
- 1/2 cucharadita de tomillo seco entero
- 1/4 cucharadita de mejorana
- 1/4 cucharadita de orégano de hojas secas
- 1 cucharadita de sal, o al gusto
- 1 taza de queso fresco rallado o sustituto de mozzarella fresca
- 2 chiles anchos, sin tallos ni semillas, cortados por la mitad y cocidos a fuego lento en agua durante 15 minutos
- 1/4 taza de crema agria
- 1 cebolla verde, picada (solo la parte verde)

INSTRUCCIONES:

a) Freír las tiras de tortilla. Caliente aproximadamente 2 pulgadas de aceite en una olla mediana a aproximadamente 350 °F. Fríe las tiras de tortilla hasta que estén crujientes. Escurrir sobre toallas de papel y reservar.

b) Haz la sopa. Calienta una sartén a fuego medio, agrega el aceite y saltea las cebollas y el ajo hasta que estén suaves pero no dorados, de 4 a 5 minutos. Colócalos en una licuadora; agrega los jitomates con su jugo y el chile en polvo y haz puré.

c) Agregue una o dos tazas de caldo (lo que su licuadora pueda acomodar), presione para mezclar y luego vierta la mezcla en una olla.

d) Agrega el caldo restante, las hojas de laurel, el tomillo, la mejorana, el orégano y la sal a la olla. Llevar a ebullición y cocinar a fuego lento durante 15 minutos.

e) Sirve la sopa. Coloque 1/4 taza de queso y 1/2 chile ancho suave en cada uno de los cuatro tazones. Sirva la sopa sobre el queso y cúbrala con crema agria, tiras de tortilla y cebolla verde.

50. Sopa de frijol negro

INGREDIENTES:
- 1/2 cucharada de aceite de oliva virgen extra
- 1/2 taza de cebolla blanca picada
- 3 dientes de ajo, picados en trozos grandes
- 1 chile ancho muy pequeño, sin semillas y cortado en trozos pequeños, o 1/2 chile más grande
- 1 cucharadita de chile chipotle picado
- 1 lata (15 onzas) de frijoles negros sin sal, incluido el líquido 1/2 cucharadita de sal
- 3 tazas de caldo de pollo bajo en sodio
- 1/4 cucharadita de comino molido
- 1/2 cucharada de cilantro picado
- 1 ramita de epazote (opcional)
- 1/2 cucharadita de pimentón dulce español ahumado 1/2 cucharadita de sal, si usa frijoles sin sal 1/4 cucharadita de pimienta negra finamente molida 1 cucharadita de jugo de lima recién exprimido
- 1 cucharada de jerez seco

INSTRUCCIONES:

a) Haz la sopa. Calienta el aceite de oliva en una olla mediana a fuego medio hasta que brille. Agregue la cebolla y cocine hasta que esté suave pero no dorada.

b) Agregue el ajo y cocine por otro minuto, luego agregue ambos chiles y continúe cocinando, revolviendo con frecuencia, de 1-1/2 a 2 minutos.

c) Agregue los ingredientes restantes excepto el jugo de limón y el jerez, deje hervir, cubra parcialmente y cocine a fuego lento durante 10 minutos.

d) Deja que la mezcla se enfríe. Retira y desecha el epazote si lo usaste. Vierta los ingredientes en una licuadora y licue durante 2 minutos, o hasta que estén hechos puré, en 2 tandas si es necesario.

e) Regrese la sopa a la olla, llévela a fuego lento, agregue el jugo de limón y el jerez y sirva.

51. sopa estilo tlapan

INGREDIENTES:

- 2 tomates, asados
- 6 tazas de caldo de pollo bajo en sodio
- 1/2 libra de pechugas de pollo deshuesadas y sin piel 1 cucharada de aceite de oliva extra virgen 1 taza de cebolla blanca finamente picada
- 2 dientes de ajo, picados
- 3/4 taza de zanahorias peladas y finamente picadas
- 1-1/2 tazas de garbanzos, escurridos y enjuagados
- 1 taza de calabacín finamente picado
- 1/2 taza de guisantes verdes congelados, descongelados
- 1 chile chipotle seco o un chipotle más 1 cucharadita de salsa de adobo
- 1 cucharadita de jugo de lima recién exprimido 1/4 cucharadita de pimienta negra finamente molida 1/4 cucharadita de sal o al gusto
- 1 aguacate mediano maduro, cortado en trozos de 1/2 pulgada 1/4 taza de queso cotija rallado (opcional) Gajos de lima

INSTRUCCIONES:

a) Prepara los tomates. Haga puré los tomates en una licuadora o procesador de alimentos y cuélelos con la hoja fina de un pasapurés o páselos por un colador. Reservar.

b) Cocine y desmenuce el pollo. Coloque el caldo y las pechugas de pollo en una olla grande, cocine a fuego lento y cocine hasta que el pollo esté bien cocido, aproximadamente 10 minutos. Retira el pollo y reserva el caldo.

c) Cuando el pollo se haya enfriado lo suficiente como para manipularlo, desmenúcelo y divídalo en cuatro tazones de sopa.

d) Haz la sopa. Calienta una olla grande a fuego medio. Agregue el aceite de oliva y las cebollas y saltee hasta que las cebollas comiencen a dorarse, aproximadamente 5 minutos. Agrega el ajo y cocina por 1 minuto más. Agregue el caldo reservado y los ingredientes restantes, excepto el aguacate y el queso, y cocine a fuego lento durante 8 a 10 minutos.

e) Terminar y servir la sopa. Retire el chile y vierta la sopa sobre el pollo cocido. Agregue porciones iguales de aguacate a cada tazón y cubra con un poco de queso, si lo desea. Sirva con rodajas de lima a un lado.

52.sopa poblana

INGREDIENTES:

- 2-1/2 cucharadas de aceite de cocina
- 4 onzas de papa pelada y picada
- 3-1/4 tazas de caldo de pollo bajo en sodio
- 1 taza de cebolla blanca picada
- 2 tazas de calabacines pelados y picados
- 3/4 taza de chile poblano asado, pelado, sin semillas y picado
- 1/4 cucharadita colmada de tomillo seco
- 1/4 cucharadita colmada de sal
- 3/4 taza de leche 2%
- 2 onzas de leche parcialmente descremada

INSTRUCCIONES:

a) Cuece las patatas y haz el caldo. Calienta una olla a fuego medio. Derrita 1/2 cucharada de aceite de cocina y agregue las patatas.

b) Saltee las patatas hasta que empiecen a ablandarse, pero no permita que se doren, de 4 a 5 minutos. Agregue 1-1/4 tazas de caldo a la olla, cubra y cocine a fuego lento durante 5 minutos.

c) Vierta el caldo y las papas en una licuadora, licue durante unos 2 minutos. Agregue el caldo restante y presione para combinar.

d) Cocine las verduras. A fuego medio, derrite el aceite de cocina restante en la misma olla en la que cocinaste las papas. Agregue las cebollas y los calabacines y cocine hasta que las cebollas estén suaves pero no doradas, aproximadamente 5 minutos.

e) Haz la sopa. Agrega el resto de los chiles, el tomillo, la sal, las papas licuadas y el caldo a las verduras y cocina a fuego lento durante 5 minutos. Agregue la leche y cocine a fuego lento durante otros 5 minutos.

53. Ensalada de papas

INGREDIENTES:
PARA EL VESTIDO
- 1/8 cucharadita de sal
- 1/4 cucharadita de pimienta
- 2 cucharadas de aceite de oliva virgen extra
- 1 cucharada de cebollino finamente picado
- 1 cucharada de perejil finamente picado
- 1 cucharada de cilantro finamente picado

PARA LA ENSALADA
- 1-1/4 tazas de zanahorias peladas y cortadas en cubitos, en trozos de 1/2 pulgada
- 2-1/2 tazas de papas peladas y cortadas en cubitos, en trozos de 1/2 pulgada
- 2 onzas de chorizo, sin piel y finamente picado
- 1 chile serrano, sin semillas ni venas, picado
- 1 aguacate mediano a grande, cortado en trozos de 1/2 pulgada (opcional)

INSTRUCCIONES:

a) Haz el aderezo. En un bol, mezcle la sal y la pimienta. Agrega el aceite de oliva en un chorro lento, batiendo constantemente para crear una emulsión, luego agrega el cebollino, el perejil y el cilantro y mezcla bien.

b) Cocine las patatas y las zanahorias. Ponga a hervir 6 tazas de agua. Agregue la sal y las zanahorias y cocine a fuego lento hasta que las zanahorias estén muy tiernas pero no blandas. Retire las zanahorias cocidas con un colador y enjuáguelas con agua fría para detener la cocción.

c) Cocine las patatas en la misma agua hasta que estén muy tiernas pero no blandas y escúrralas en un colador. Enjuague con agua corriente fría para detener la cocción.

d) Cocine el chorizo. Calienta una sartén antiadherente a fuego medio y agrega el chorizo. En cuanto empiece a chisporrotear, añade el serrano y sigue cocinando, removiendo y partiendo el chorizo con una cuchara de plástico o de madera, hasta que esté dorado y empiece a crujir.

e) Termina la ensalada. Cuando el chorizo esté cocido retiramos la sartén del fuego. Déjelo enfriar durante 1 minuto y luego agregue las zanahorias y las papas reservadas.

f) Vierta todo en un tazón mediano, agregue el aderezo y el aguacate, si lo usa, y mezcle suave pero bien.

54. Ensalada del tequilador

INGREDIENTES:
PARA EL VESTIDO
- 2 cucharadas de sangrita
- 1 cucharada más 2 cucharaditas de jugo de lima recién exprimido
- 1/4 taza de aceite de oliva extra virgen
- Sal al gusto
- 3/4 cucharadita de pimienta negra recién molida o al gusto

PARA LA ENSALADA
- 1 taza de nopalitos, curados en sal o hervidos hasta que estén tiernos
- 2 tazas de garbanzos, enjuagados y escurridos
- 2 tazas de espinacas frescas, envasadas
- 1 tomate grande, cortado en trozos pequeños
- 1 aguacate grande o 2 pequeños, picados
- 2 cebollas verdes, finamente picadas
- 1/4 taza de cilantro picado
- 4 onzas de queso fresco

INSTRUCCIONES:

a) Haz el aderezo. En un tazón pequeño o mediano, mezcle la sangrita y el jugo de lima.

b) Continúe batiendo vigorosamente mientras agrega el aceite de oliva en un chorro lento, hasta que el aderezo emulsione. Agrega la sal y la pimienta.

c) Haz la ensalada. Combine todos los ingredientes de la ensalada en un tazón grande. Agrega el aderezo y revuelve bien.

55.Ensalada de Col

INGREDIENTES:
PARA EL VESTIDO
- 2 cucharadas más
- 2 cucharaditas de sal
- 1/2 cucharadita de pimienta negra finamente molida 1/3 taza de aceite

PARA LA ENSALADA
- 12 onzas de repollo verde en rodajas muy finas o rallado
- 6 onzas de repollo morado en rodajas muy finas o rallado
- 4 onzas de zanahorias peladas y ralladas

INSTRUCCIONES:

a) Haz el aderezo. Batir la sal y la pimienta y luego agregar el aceite en un chorro lento.

b) Haz la ensalada. Combine los ingredientes de la ensalada en un tazón grande y mezcle con el aderezo. Deje la ensalada a temperatura ambiente durante 3 a 4 horas, revolviendo cada media hora. Al cabo de ese tiempo, la col se habrá ablandado y los sabores se habrán fusionado.

c) Vierta la ensalada en un colador grande para escurrir el exceso de líquido (y la sal) y refrigere hasta que esté listo para servir, eliminando el exceso de líquido de vez en cuando.

d) La ensalada se conserva refrigerada durante aproximadamente una semana.

TOSTADAS

56. Tostadas De Pollo A La Parrilla

INGREDIENTES:
- 1 lata (14½ onzas) de tomates cortados en cubitos con ajo y cebolla
- 1 lata (15 onzas) de frijoles pintos, escurridos
- 2 cucharaditas de jalapeño picado (opcional)
- ½ cucharadita de comino molido
- 1 taza de pollo o pavo asado en cubitos
- 4 tortillas de harina
- ½ taza de queso cheddar fuerte, rallado
- Salsa (para servir)
- Lechuga rallada y aguacate cortado en cubitos (guarniciones opcionales)

INSTRUCCIONES:

a) En una sartén, combine los tomates cortados en cubitos, los frijoles pintos escurridos, el jalapeño picado (si se usa) y el comino molido. Agrega el pollo o pavo asado en cubos a la mezcla.

b) Calienta la sartén a fuego medio durante unos 5 minutos o hasta que la mezcla espese.

c) Acomoda las tortillas de harina en una sola capa sobre una parrilla sobre brasas medianas.

d) Unte aproximadamente ¾ de taza de la mezcla de pollo sobre cada tortilla.

e) Cubra cada tortilla con queso cheddar rallado.

f) Repita este proceso con los ingredientes restantes.

g) Cocina las tostadas a la parrilla durante unos 3 minutos o hasta que la base de la tortilla se dore y el queso se derrita.

h) Sirve las tostadas de pollo asado con salsa.

i) Opcionalmente, decora con lechuga rallada y aguacate cortado en cubitos.

j) ¡Disfruta de tus Tostadas de Pollo a la Parrilla!

57. Tostadas de pavo californiano

INGREDIENTES:
- 1 libra de pavo molido
- 1 cucharada de aceite
- ½ taza de cebolla picada
- ½ cucharadita de sal
- ⅛ cucharadita de pimienta
- ⅛ cucharadita de ajo en polvo
- Lata de 4 onzas de chiles verdes cortados en cubitos
- 1½ tazas de queso cheddar rallado (6 onzas)
- 4 tostadas (o freír las tortillas de maíz en ¼ de taza de aceite hasta que estén crujientes)
- 4-5 tazas de lechuga rallada
- ½ taza de tomate picado
- ¼ taza de crema agria
- ¼ taza de aceitunas en rodajas

INSTRUCCIONES:
a) En una sartén, dore el pavo molido en aceite hasta que se desmorone.
b) Añade la cebolla picada y sofríela ligeramente con el pavo.
c) Agrega la sal, la pimienta, el ajo en polvo, los chiles verdes cortados en cubitos y 1 taza de queso cheddar rallado. Cocine hasta que el queso se derrita y la mezcla esté bien combinada.
d) Coloque cada cáscara de tostada en un plato.
e) Cubra cada tostada con lechuga rallada.
f) Vierta la mezcla de pavo uniformemente sobre la lechuga.
g) Espolvorea el resto del queso cheddar rallado sobre la mezcla de pavo.
h) Adorne cada tostada con tomate picado, una cucharada de crema agria y aceitunas en rodajas.
i) ¡Disfruta de tus Tostadas de Pavo de California!

58. Pizza tostada de carne y frijoles

INGREDIENTES:
PARA LA CORTEZA:
- 1¼ tazas de harina
- 1 cucharadita de polvo para hornear
- ½ cucharadita de sal
- ½ taza de leche
- 2 cucharadas de aceite vegetal

PARA LOS ADORNOS:
- 1 libra de carne molida
- 1¾ onzas de mezcla de condimentos para tacos
- 1 lata de frijoles refritos
- 1 taza de queso americano rallado
- 8 onzas de salsa para tacos
- 4 onzas de chiles verdes picados
- ½ taza de cebolla picada
- ½ taza de tomates picados
- 1 taza de lechuga rallada

INSTRUCCIONES:
a) Precalienta tu horno a 425°F (220°C).
b) En un bol, combine la harina, el polvo para hornear, la sal, la leche y el aceite vegetal. Revuelve hasta que la mezcla limpie los lados del tazón. Presione la masa hasta formar una bola y amásela en el bol unas 10 veces.
c) Extienda la masa sobre una tabla ligeramente enharinada para formar un círculo de 13 pulgadas. Colóquelo en una bandeja para pizza o en una bandeja para hornear y levante los bordes, pellizcándolos para formar una corteza.
d) Hornea la base en el horno precalentado durante 5 minutos.
e) Mientras se hornea la corteza, prepare la carne molida de acuerdo con las recomendaciones de la mezcla de condimentos para tacos.
f) Una vez que la corteza esté parcialmente horneada, esparza los frijoles refritos uniformemente sobre ella.
g) Cubra los frijoles con la mezcla de carne molida cocida.
h) Espolvorea el queso americano rallado sobre la carne.
i) Hornee por 2 minutos más o hasta que el queso se derrita y burbujee.
j) Retire la pizza del horno y cúbrala con salsa para tacos, chiles verdes picados, cebolla picada, tomates picados y lechuga rallada.
k) Corta y sirve tu pizza tostada.
l) ¡Disfruta de tu Pizza Tostada con su deliciosa mezcla de sabores!

59. Tostadas de Patas de Cerdo

INGREDIENTES:
- 4 tortillas de maíz, fritas hasta que queden doradas y crujientes
- 1 ½ tazas de frijoles refritos, calentados
- 6 onzas de patas de cerdo en escabeche (quitar los huesos y las uñas de los pies)
- 2 tazas de lechuga rallada, ligeramente aderezada
- Varias pizcas de orégano seco y desmenuzado
- Salsa de chile picante (p. ej., Tabasco o similar)
- Queso Jack rallado
- Rábanos, en rodajas

INSTRUCCIONES:

a) Unte cada tortilla de maíz frita con una capa de frijoles refritos calientes.

b) Espolvorea queso Jack rallado sobre los frijoles.

c) Ase las tortillas cubiertas hasta que el queso se derrita y burbujee.

d) Retirar del horno y servir inmediatamente.

e) Cubra las tostadas con patas de cerdo en escabeche, lechuga rallada y rábanos en rodajas.

f) Espolvorea unas pizcas de orégano seco desmenuzado sobre cada tostada.

g) Termine con un chorrito de salsa picante (por ejemplo, Tabasco) al gusto.

h) ¡Disfruta de tus Tostadas Tapatía, un platillo mexicano único y sabroso con patas de cerdo en escabeche!

60.Chorizo, Patata y Zanahorias tostadas

INGREDIENTES:
- 8 tostadas de tortilla
- ½ taza de Frijoles Refritos
- ¾ taza de relleno de chorizo, papa y zanahoria
- 1 taza de lechuga rallada
- ¾ taza de tomates picados
- 2 cucharadas de queso de cabra rallado
- salsa

INSTRUCCIONES:

a) Coloque 2 tostadas en cada uno de los cuatro platos y esparza aproximadamente 2 cucharadas de frijoles en cada uno.

b) Cubra con cantidades iguales del relleno de chorizo, papa y zanahorias, lechuga, tomates y queso y sirva con la salsa.

61. Tostadas De Picadillo De Cerdo

INGREDIENTES:
- 1 cebolla grande, picada fina
- 2 dientes de ajo, picados
- 2 cucharadas de aceite vegetal
- 2 libras de carne de cerdo molida
- ⅓ taza de pasas
- 1 ½ tazas de salsa de tomate
- ½ taza de aceitunas verdes rellenas de pimiento en rodajas
- ¾ cucharadita de canela
- ¼ cucharadita de clavo molido
- Aceite vegetal para freír las tortillas.
- Doce tortillas de maíz de 7 pulgadas
- 3 tazas de lechuga romana o iceberg rallada
- 1 ½ tazas de cebolla morada en rodajas finas o rábanos rallados gruesos

INSTRUCCIONES:

a)   En una sartén grande y pesada, cocine la cebolla y el ajo en el aceite a fuego moderado, revolviendo, hasta que la cebolla se ablande.

b)   Agregue la carne de cerdo molida y cocine a fuego moderado, revolviendo y rompiendo los grumos, hasta que la carne de cerdo ya no esté rosada. Retire el exceso de grasa.

c)   Agrega las pasas, la salsa de tomate, las aceitunas, la canela, el clavo molido y sal y pimienta al gusto. Cocine a fuego lento la mezcla, revolviendo ocasionalmente, durante 10 a 15 minutos, o hasta que espese. El picadillo se puede preparar con 1 día de anticipación, mantenerlo tapado y refrigerado y recalentarlo antes de continuar.

d)   En una sartén, caliente ¼ de pulgada de aceite vegetal a fuego moderadamente alto hasta que esté caliente pero no humeante. Fríe las tortillas, una a la vez, durante 30 segundos a 1 minuto, o hasta que estén crujientes y doradas.

e)   Transfiérelos con unas pinzas mientras se fríen sobre toallas de papel para que escurran.

f)   Coloque las tostadas en una sola capa en platos, divida el picadillo entre ellas y cúbralo con la lechuga rallada y la cebolla morada en rodajas o los rábanos rallados.

g)   ¡Disfruta de tus Tostadas de Picadillo!

POSTRE

62.flan de queso

INGREDIENTES:
- 4 Huevos grandes
- 1 lata (14 Oz) Leche Condensada; Endulzado
- 1 lata (12 Oz.) Leche Evaporada
- 6 onzas Queso crema
- 1 cucharadita Extracto de vainilla

INSTRUCCIONES:

a) Mezcle los huevos, la leche y la vainilla.

b) Suaviza el queso crema y mézclalo con los demás ingredientes.

c) Ten cuidado de no mezclar demasiado el queso crema o provocarás bolsas de aire en el flan.

d) Prepara un caramelo cocinando ½ taza de azúcar a fuego lento hasta que el azúcar se licue. Utilice un recipiente de metal para hacer esto.

e) Coloque suficiente caramelo en la sartén/molde para cubrir el fondo.

f) Una vez que el azúcar esté dura, vierte la masa que preparaste en los pasos 1 y 2 en el molde/molde.

g) Coloque el molde/molde al baño María. La cacerola/molde en la que se encuentran los ingredientes debe estar sumergida ¾ en agua.

h) Hornee a 325 grados Fahrenheit durante aproximadamente ½ hora. El flan estará listo cuando al introducir un cuchillo/palillo éste salga limpio.

63. Chupito de paleta de sandía

INGREDIENTES:
- 4 tazas de sandía cortada en cubitos, sin semillas
- ½ taza de Tequila (Corralejo reposado)
- 3 cucharadas Jugo de lima, fresco
- ½ taza de Azúcar o edulcorante de tu preferencia
- 10 cucharaditas Chile tajín en polvo

INSTRUCCIONES:

a) Coloca la sandía, el tequila, el jugo de lima y el azúcar en la licuadora y procesa hasta que quede suave.

b) Coloque 1 cucharadita. de chile en polvo en el fondo de cada molde para paletas.

c) Vierta la mezcla de sandía en moldes, cierre las tapas, inserte palitos de helado y congele durante la noche.

64. Carlota de Limón

INGREDIENTES:
- 1 paquete (16 onzas). Tofu sedoso (suave)
- 1/3 taza de leche de almendras, sin azúcar
- 1 taza de Azúcar o tu endulzante favorito
- 1/3 taza de jugo de lima, fresco
- 2 paquetes (fundas) de galletas María Veganas

INSTRUCCIONES:

a) Coloca el tofu, el azúcar y la leche de almendras en la licuadora. Encienda la licuadora a fuego lento y agregue el jugo de limón gradualmente, hasta que la mezcla espese y cubra el dorso de una cuchara.

b) Forre el fondo de una fuente para horno de vidrio de 8×8 con papel pergamino, agregue un poco de crema de lima y cúbralo con una capa de galletas y vierta un poco de la mezcla de crema de lima encima; lo suficiente para cubrirlos pero no ahogarlos.

c) Repite este proceso agregando otra capa de galletas y luego cubriéndola con la crema de lima, repite hasta agotar toda la mezcla de crema de lima y galletas.

d) NO PRESIONES las galletas. Quieres una buena capa de crema de lima entre las galletas y presionarlas hacia abajo para empujar la crema de lima hacia los lados.

e) Coloque el pastel en el refrigerador durante al menos 4 horas o hasta que cuaje.

f) Invierta la fuente para hornear en un plato. Retire con cuidado el pergamino.

65. Granizado de mango y chamoy

INGREDIENTES:
chamoy
- 1 taza de albaricoques secos
- 2 tazas de agua
- 2-3 cucharadas chile ancho en polvo
- 2 cucharadas. Jugo de lima, fresco

GRANIZADO
- 1 taza + 2 cucharadas. mango, cortado en cubitos
- 1 taza de hielo
- 6 cucharadas Chamoy
- 1 lima, jugo de
- Chile en polvo al gusto (tajín)

INSTRUCCIONES:

a) Para hacer el chamoy, coloca los orejones y el agua en una cacerola y deja que hierva. Baje el fuego y cocine a fuego lento durante 30 min. Dejar de lado.

b) Reserva ¾ de taza del líquido de cocción de los albaricoques.

c) Tome los albaricoques cocidos a fuego lento, el líquido de cocción reservado, el chile ancho en polvo, el jugo de limón y mezcle hasta que quede suave. Agregue más o menos agua para obtener una consistencia más fina o más espesa. (Dejé el mío un poco grueso). Déjalo enfriar.

d) Para hacer el granizado, coloca ½ taza de mango en el fondo de la licuadora, agrega una capa de hielo, continúa alternando las capas de esta manera con el resto de tu hielo y 1 taza de mango.

e) Licúa a velocidad media hasta que quede una consistencia granizada. Los trozos de hielo, aunque pequeños, aún deberían verse.

f) Para armar, llévelo a vasos y vierta una cucharada. de chamoy en el fondo de cada uno. Agrega una capa de granizado de mango, seguida de otra cucharada. de chamoy. Repita una vez más.

g) Espolvorea 1 cucharada. de mango cortado en cubitos encima de cada granizado terminado. Exprime media lima en cada vaso y cubre con tanto chile en polvo como desees. Servir con una cuchara y una pajita.

66. Mousse de chocolate

INGREDIENTES:
- 1 libra de tofu sedoso o suave
- 1 cucharadita de extracto de vainilla
- 1 cucharada de miel
- 3/4 cucharadita de chile ancho puro en polvo 1/8 cucharadita de sal
- 1/4 cucharadita colmada de canela
- 5-1/4 onzas de chocolate amargo cortado en trozos muy pequeños
- 3 cucharadas de Kahlua, Grand Marnier, Cointreau o triple sec, o sustituto de jugo de naranja

INSTRUCCIONES:
a)   Coloque el tofu, la vainilla, la miel, el chile en polvo, la sal y la canela en el recipiente de un procesador de alimentos equipado con una cuchilla de acero.
b)   Coloque un recipiente de acero inoxidable sobre una olla de tamaño pequeño a mediano con agua hirviendo. Agrega el chocolate y el licor o el jugo de naranja a la olla y revuelve frecuentemente con una cuchara de madera hasta que el chocolate se derrita por completo, de 1 a 2 minutos.
c)   Agrega la mezcla de chocolate al procesador de alimentos y procesa con los demás ingredientes durante 1 minuto, deteniéndote según sea necesario para raspar los lados del tazón. Vierta la mezcla en un tazón grande o en platos pequeños separados.
d)   Cubrir con film transparente y enfriar durante varias horas.

67. Plátanos y Mandarina con Salsa de Vainilla

INGREDIENTES:
PARA LA SALSA DE NATILLAS
- 1/4 cucharadita de canela
- 2 tazas de leche de soya con sabor a vainilla
- 1 cucharada de aceite de cocina
- 2 cucharadas de néctar de agave
- 1/2 cucharadita de extracto de vainilla
- 1/4 cucharadita de sal

PARA TERMINAR
- 3 tazas de plátanos cortados en cubitos
- 1 taza de mandarinas

INSTRUCCIONES:
a) Prepara la salsa de natillas. Coloque la canela en una cacerola pequeña y agregue la leche de soja, una o dos cucharadas a la vez, hasta que esté bien combinada.

b) Agregue el resto de la leche en un chorro fino y agregue el aceite de cocina. Deje hervir y cocine a fuego lento hasta que adquiera la consistencia de una natilla ligera, aproximadamente 10 minutos.

c) Termina el postre. Deja que la salsa se cocine un poco y viértela sobre la fruta cortada.

68.Sorbete de Jamaica

INGREDIENTES:
- 2-1/2 tazas de hojas secas de Jamaica (disponibles en supermercados hispanos)
- 1 litro de agua
- 1/2 onza de jengibre fresco, finamente picado 1 taza de azúcar
- 1 cucharada de jugo de lima recién exprimido
- 2 cucharadas de limoncello

INSTRUCCIONES:

a) Prepara el té. Coloque las hojas de jamaica en una olla o tazón, hierva el agua y viértala sobre las hojas. Cubra y deje reposar durante 15 minutos. Cuela el té y desecha la jamaica.

b) Haz la base del sorbete. Coloque el jengibre en una licuadora, agregue 1 taza de té y mezcle hasta que esté completamente hecho puré, de 1 a 2 minutos. Agrega otra 1-1/2 taza de té y licúa nuevamente.

c) Vierta la base de sorbete en una olla, agregue el azúcar y lleve a ebullición, revolviendo para disolver el azúcar.

d) Retira la olla del fuego en cuanto la base del sorbete empiece a hervir.

e) Agregue el jugo de lima y enfríe. Refrigere la base hasta que alcance los 60°F.

f) Congela el sorbete. Agrega el limoncello a la base fría y viértelo en una heladera. Congele según las instrucciones del fabricante hasta que esté congelado pero aún medio derretido, de 20 a 30 minutos.

69. Mangos asados

INGREDIENTES:
- 4 mangos maduros
- 3 cucharaditas de néctar de agave o azúcar sustituto Aceite en aerosol
- Rodajas de limón

INSTRUCCIONES:
Calienta una parrilla a fuego alto o calienta una sartén a fuego alto.

a) Cortar los mangos. Siempre es difícil saber exactamente dónde están las semillas de los mangos, por eso la prueba y error es la mejor solución. El objetivo es cortar el mango en trozos lo más grandes posible que no incluyan la semilla. Coloque un mango de lado y córtelo por la mitad, descentrado, para que no quede la semilla.

b) Corta los otros tres lados del mango de la misma forma. Luego, divida la fruta en cuadrados de aproximadamente 1/2 pulgada.

c) Cortando la fruta solo hasta la piel pero no a través de ella. Haga los cortes a media pulgada de distancia en un sentido y luego haga lo mismo en el otro sentido para crear el diseño rayado.

d) Prepara los mangos en rodajas. Cepille un poco de néctar de agave en las superficies cortadas de cada mango y luego rocíe con un poco de aceite en aerosol.

e) Ase los mangos, con la pulpa hacia abajo, durante uno o dos minutos, o simplemente hasta que estén chamuscados con las marcas de la parrilla, pero no los cocine hasta que estén suaves y completamente calientes.

f) Es importante mantener la textura firme y el contraste entre la superficie caliente y el interior más frío.

g) Sirve los mangos con las rodajas de lima.

70. Pudín de frutas rápido

INGREDIENTES:
- 2 plátanos, pelados, cortados en rodajas de 1/2 pulgada y congelados en una hoja de papel de aluminio
- 3 tazas de mango pelado y picado u otra fruta
- 2 cucharadas de jugo de lima recién exprimido
- 2 cucharaditas de néctar de agave
- 1/8 cucharadita de sal
- Hojas de menta

INSTRUCCIONES:
a) Coloque todos los ingredientes en el tazón de un procesador de alimentos equipado con hoja de acero o en una licuadora y procese hasta que estén licuados, suaves y cremosos.
b) Adorne con la menta.

71. Plátanos Asados En Salsa De Coco

INGREDIENTES:
- 1/2 taza de leche de coco ligera
- 2 cucharadas de néctar de agave
- 1 cucharada de agua
- 4 plátanos, pelados

INSTRUCCIONES:

a) Prepara la salsa de coco. Lleve la leche de coco y el néctar de agave a fuego lento en una cacerola pequeña.

b) Asa los plátanos y sirve. Calienta una parrilla o una sartén a temperatura alta.

c) Unte los plátanos con un poco de salsa de coco, reserve el resto y cocine a la parrilla por ambos lados hasta que tengan marcas de parrilla y apenas comiencen a ablandarse. No los cocines demasiado o se desmoronarán.

d) Sirve los plátanos cubiertos con un poco más de salsa.

72. Sorbete de mango

INGREDIENTES:
- 2-1/2 tazas de mango pelado, sin semillas y picado
- 3-1/2 cucharadas de azúcar
- Escasa 2/3 taza de agua
- 1/2 cucharadita de canela
- 1/2 cucharadita de pimienta de Jamaica molida
- 1 cucharada de limoncello

INSTRUCCIONES:
a) Licúa todos los ingredientes hasta hacer puré.
b) Vierta el puré en una heladera y congélelo según las instrucciones del fabricante.
c) Suele tardar entre 15 y 20 minutos.

73.flan latino

INGREDIENTES:
- 1 taza de leche evaporada descremada
- 1 taza de leche 2%
- 1/4 taza de leche condensada descremada
- 1 cucharadita de extracto de vainilla
- 2 huevos grandes
- 4 claras de huevos grandes
- Spray para cocinar
- 6 cucharaditas de néctar de agave

INSTRUCCIONES:

a) Precalienta tu horno a 325°F.

b) Haz la base del flan. Combine los ingredientes, excepto el aceite en aerosol y el néctar de agave, en una licuadora y mezcle hasta que estén completamente combinados, aproximadamente 1 minuto.

c) Prepara el flan para hornear. Rocíe seis moldes aptos para horno de 4 onzas con un poco de aceite en aerosol y colóquelos en una fuente para horno en la que encajen bastante bien. Llene los moldes hasta 1/4 de pulgada de la parte superior con la base del flan. Vierta suficiente agua del grifo muy caliente en la fuente para hornear hasta llegar a la mitad de los lados de los moldes.

d) Hornea el flan. Coloque la fuente para hornear con los moldes rellenos en el horno durante 40 minutos, o hasta que los flanes estén cuajados y firmes. Retire la fuente para hornear del horno y los moldes del molde.

e) Deja que los flanes se enfríen, luego cúbrelos con film transparente y refrigera hasta que estén fríos. Sirva cada flan cubierto con 1 cucharadita de néctar de agave.

74. Tortitas De Maíz Al Vapor

INGREDIENTES:
- 6 mazorcas de maíz frescas
- 1 cebolla, finamente picada
- 2 cucharadas de aceite vegetal
- 1 cucharada de pasta de ají amarillo (opcional, para darle un toque picante)
- 1 cucharadita de comino molido
- 1 cucharadita de pimentón
- Sal y pimienta para probar
- Hojas de maíz, remojadas en agua durante al menos 1 hora

INSTRUCCIONES:

a) Comience quitando las hojas de las mazorcas de maíz y déjelas a un lado. Pele con cuidado los granos de maíz de las mazorcas, asegurándose de recoger también toda la leche de maíz.

b) En una licuadora o procesador de alimentos, licúa los granos de maíz y la leche de maíz hasta obtener una mezcla suave. Dejar de lado.

c) En una sartén, calienta el aceite vegetal a fuego medio.

d) Agrega la cebolla picada y sofríe hasta que se vuelva traslúcida y fragante.

e) Agrega la pasta de ají amarillo (si la usas), el comino molido, el pimentón, la sal y la pimienta a la sartén. Revuelva bien para combinar y cocine por un minuto más.

f) Vierta la mezcla de maíz licuada en la sartén con las cebollas sazonadas. Revuelve continuamente para evitar que se formen grumos y cocina durante unos 10 minutos hasta que la mezcla espese.

g) Retire la sartén del fuego y deje que la mezcla se enfríe un poco.

h) Tome una hoja de maíz remojada y coloque aproximadamente 2 cucharadas de la mezcla de maíz en el centro. Dobla la hoja sobre el relleno, creando un paquete rectangular. Ata los extremos de la hoja con una tira fina de hoja remojada o con hilo de cocina para asegurar la humita.

i) Repite el proceso con el resto de la mezcla de maíz y las hojas hasta utilizar toda la mezcla.

j) Llena una olla grande con agua y déjala hervir. Coloca una canasta vaporera o un colador sobre la olla, asegurándote de que no toque el agua.

k) Coloque las Humitas/Tortas de maíz al vapor envueltas en la canasta vaporera, cubra la olla con una tapa y cocine al vapor durante aproximadamente 45 minutos a 1 hora, o hasta que las Humitas/Tortas de maíz al vapor estén firmes y bien cocidas.

l) Retire las Humitas/Tortas de Maíz al Vapor de la vaporera y déjalas enfriar un poco antes de desenvolverlas y servir.

75. Arroz con leche

INGREDIENTES:
- 1 taza de arroz blanco
- 4 tazas de leche
- 1 taza de agua
- 1 rama de canela
- 1 taza de azúcar (ajustar al gusto)
- 1 cucharadita de extracto de vainilla
- Ralladura de 1 limón (opcional)
- Canela molida para decorar

INSTRUCCIONES:
a) Enjuague el arroz con agua fría para eliminar el exceso de almidón.
b) En una olla grande, combine el arroz enjuagado, la leche, el agua y la rama de canela.
c) Coloca la olla a fuego medio-alto y lleva la mezcla a ebullición.
d) Reduzca el fuego a bajo y cocine a fuego lento, revolviendo ocasionalmente para evitar que se pegue, durante unos 20 minutos o hasta que el arroz esté cocido y tierno.
e) Agrega el azúcar y revuelve hasta que se disuelva por completo.
f) Continúe cocinando el arroz con leche a fuego lento, revolviendo con frecuencia, durante otros 10 a 15 minutos o hasta que la mezcla espese y adquiera una consistencia cremosa.
g) Retire la olla del fuego y agregue el extracto de vainilla y la ralladura de limón (si se usa). Deje enfriar el Arroz con Leche/Arroz con leche durante unos minutos.
h) Retire la ramita de canela de la olla.
i) Transfiera el Arroz con Leche/Arroz con leche a platos para servir individuales o a un tazón grande para servir.
j) Espolvoree canela molida encima para decorar.
k) Sirva el Arroz con Leche/Arroz con Leche tibio o frío. Se puede disfrutar solo o con una pizca de canela adicional encima.

76. Budín de Maíz Morado

INGREDIENTES:
- 2 tazas de granos de elote morado (secos)
- 8 tazas de agua
- 1 rama de canela
- 4 dientes
- 1 taza de piña picada
- 1 taza de manzana picada
- 1 taza de pera picada
- 1 taza de membrillo cortado en cubitos (opcional)
- ½ taza de ciruelas pasas secas
- ½ taza de orejones
- 1 taza de azúcar
- ¼ taza de maicena
- Zumo de 1 lima
- Canela molida para decorar

INSTRUCCIONES:
a) En una olla grande, combine los granos de maíz morado, el agua, la rama de canela y los clavos.
b) Lleve la mezcla a ebullición, luego reduzca el fuego y cocine a fuego lento durante aproximadamente 45 minutos a 1 hora.
c) Esto extraerá el sabor y el color del maíz morado.
d) Cuela el líquido en otra olla, desechando los granos de maíz, la rama de canela y los clavos. Regresa la olla al fuego.
e) Agregue la piña cortada en cubitos, la manzana, la pera, el membrillo (si se usa), las ciruelas pasas y los albaricoques secos a la olla. Cocine a fuego lento durante unos 15 minutos o hasta que las frutas estén tiernas.
f) En un tazón pequeño, mezcle el azúcar y la maicena.
g) Agregue esta mezcla a la olla y revuelva bien para combinar.
h) Cocine durante 5 a 10 minutos más, revolviendo constantemente, hasta que la mezcla espese.
i) Retire la olla del fuego y agregue el jugo de lima.
j) Deje que el pudín de mazamorra morada/maíz morado se enfríe a temperatura ambiente, luego refrigérelo durante al menos 2 horas, o hasta que esté frío y cuajado.
k) Para servir, sirva el pudín de mazamorra morada/maíz morado en tazones o vasos individuales.
l) Espolvoree canela molida encima para decorar.
m) Disfruta del Pudín de Mazamorra Morada frío como un postre dulce y refrescante.

77. Pudín de quinua

INGREDIENTES:
- 1 taza de quinua
- 4 tazas de agua
- 4 tazas de leche
- 1 rama de canela
- 1 cucharadita de extracto de vainilla
- ½ taza de azúcar (ajustar al gusto)
- ¼ de cucharadita de clavo molido
- ¼ de cucharadita de nuez moscada molida
- Pasas y/o nueces picadas para decorar (opcional)

INSTRUCCIONES:

a) Enjuague bien la quinua con agua fría para eliminar el amargor.

b) En una olla grande, combine la quinua y el agua. Llévalo a ebullición a fuego medio-alto, luego reduce el fuego a bajo y déjalo cocinar a fuego lento durante unos 15 minutos o hasta que la quinua esté tierna. Drene el exceso de agua.

c) Regrese la quinua cocida a la olla y agregue la leche, la rama de canela, el extracto de vainilla, el azúcar, el clavo molido y la nuez moscada molida.

d) Revuelva bien la mezcla y déjela hervir a fuego medio.

e) Cocine durante unos 20-25 minutos, revolviendo ocasionalmente, hasta que la mezcla espese hasta obtener una consistencia similar a la de un pudín.

f) Retire la olla del fuego y deseche la ramita de canela.

g) Deje que la Mazamorra de Quinua/Pudín de Quinoa se enfríe durante unos minutos antes de servir.

h) Sirva la Mazamorra de Quinua/Pudín de Quinua caliente o fría en tazones o tazas de postre.

i) Adorne cada porción con pasas y/o nueces picadas, si lo desea.

78. Tortitas de bacalao brasileñas

INGREDIENTES:
- 10 onzas de bacalao salado; en rodajas gruesas
- 8 onzas de papas harinosas
- Manteca
- Leche
- 3 cucharadas (colmadas) de perejil
- 1 cucharada (colmada) de menta; picado muy fino
- Pimienta negra recién molida
- 3 huevos; apartado
- 1 cucharada de Oporto
- Aceite para freír

INSTRUCCIONES:

a) Escurrir el bacalao y enjuagarlo bien con agua fría.

b) Cubrir con agua fresca en una cacerola, llevar a ebullición y cocinar a fuego lento durante 20 minutos o hasta que el bacalao esté suave. Mientras el bacalao hierve a fuego lento, cocer las patatas con piel, luego pelarlas y triturarlas con mantequilla y leche. Cuando el bacalao esté listo lo escurrimos bien y le quitamos la piel y las espinas.

c) Triture el bacalao con un par de tenedores. Añadimos la crema de patatas, el perejil, la menta, la pimienta y las yemas de huevo, y el oporto. Mezclar bien. Batir las claras a punto de nieve y luego incorporarlas a la mezcla de bacalao. Tome un trozo de la mezcla, aproximadamente del tamaño de un huevo pequeño, y moldeelo en su mano para darle forma de torpedo.

d) Freír en aceite a 375 grados hasta que estén crujientes y dorados por todas partes. Escurrir sobre papel toalla y servir caliente.

CONDIMENTOS

79. salsa de cilantro

INGREDIENTES:
- 2 medianos Cebolla(s), en cuartos
- 5 Dientes de ajo)
- 1 Pimiento verde,
- Sin corazón, sin semillas y cortado en cubitos
- 12 chiles cachuchas
- Sin tallo y sin semillas o
- 3 cucharadas Pimiento rojo cortado en cubitos
- 1 manojo Cilantro
- Lavado y despalillado
- 5 Hojas de cilantro _ _
- 1 cucharadita Orégano seco
- 1 taza Aceite de oliva virgen extra
- ½ taza vinagre de vino tinto
- Sal y pimienta

INSTRUCCIONES:

a) Haga puré las cebollas, el ajo, los pimientos, el cilantro y el orégano en un procesador de alimentos. Agregue el aceite de oliva, el vinagre, la sal y la pimienta y haga puré hasta que quede suave.

b) Rectifica la sazón añadiendo más sal o vinagre al gusto.

c) Transfiera la salsa a frascos de vidrio limpios. Refrigerado se conservará durante varias semanas.

80. Un polvo de dobo

INGREDIENTES:
- 6 cucharadas Sal kosher
- 2 cucharadas pimienta blanca
- 2 cucharadas Semillas de comino
- 2 cucharadas Polvo de ajo

INSTRUCCIONES:

a) Combine la sal, los granos de pimienta y las semillas de comino en una sartén seca y cocine a fuego medio hasta que las especias estén ligeramente tostadas y fragantes, aproximadamente 3 minutos. Transfiera la mezcla a un tazón para que se enfríe.

b) Combine la mezcla de especias asadas y el ajo en polvo en un molinillo de especias y muela hasta obtener un polvo fino.

c) Almacenar en un recipiente hermético; se mantendrá durante varios meses.

81. Salsa de vegetales

INGREDIENTES:
- 1 taza Mayonesa
- 1 taza CCrea agria
- ¼ de cucharadita Polvo de ajo
- 1 cucharadita Perejil
- 1 cucharadita Sal sazonada
- 1½ cucharadita Semilla de eneldo

INSTRUCCIONES:

a) Mezclar todos los ingredientes y enfriar. El día mejor hecho por delante.

b) Servir con verduras crudas: apio, zanahoria, pepino, pimiento morrón, coliflor, etc.

82. chapuzón vallarta

INGREDIENTES:
- 6½ onzas Atún enlatado - escurrido
- 1 Cebolla verde (en rodajas)
- 3 cucharadas Salsa de chile picante
- 4 cucharadas Mayonesa
- 8 Ramitas de cilantro o al gusto
- Jugo de limón o lima
- Sal al gusto
- chips de tortilla

INSTRUCCIONES:

a) En un tazón mezcle el atún, la cebolla, la salsa, la mayonesa y el cilantro. Sazone al gusto con jugo de limón y sal; ajuste otros condimentos al gusto. Servir con patatas fritas.

b) Corte la cebolla verde en trozos de 1 pulgada y colóquela en un procesador equipado con una cuchilla de acero. Agrega las ramitas de cilantro y procesa de 3 a 5 segundos. Agrega el atún, la salsa, la mayonesa, el jugo de limón y la sal; pulsa unas cuantas veces para combinar.

c) Pruebe, ajuste la sazón y presione una o dos veces más.

d) Retirar del refrigerador unos 30 minutos antes de servir.

83. Sofrito verde

INGREDIENTES:
- 2 cucharadas Aceite de oliva
- 1 pequeño Cebollas)
- Finamente picado (1/2 taza)
- 1 manojo Cebolletas, recortadas
- Picado muy fino
- 4 Diente(s) de ajo, picados
- 1 Pimiento verde
- Sin corazón, sin semillas
- Picado muy fino
- ¼ de taza cilantro, picado
- 4 hojas de culento
- Picado finamente (opcional)
- ½ cucharadita Sal o al gusto
- Pimienta negra al gusto

INSTRUCCIONES:

a) Calienta el aceite de oliva en una sartén antiadherente. Agrega la cebolla, las cebolletas, el ajo y el pimiento morrón.

b) Cocine a fuego medio hasta que esté suave y traslúcido pero no dorado, aproximadamente 5 minutos, revolviendo con una cuchara de madera.

c) Agrega el cilantro, el perejil, la sal y la pimienta. Cocine la mezcla por uno o dos minutos más. Rectifica la sazón añadiendo sal y pimienta al gusto.

d) Transfiera a un frasco de vidrio limpio. Refrigerado, se conservará hasta por 1 semana.

84. Condimento para tacos

INGREDIENTES:
- Ralladura seca de 1 lima (opcional)
- 2 cucharadas de chile en polvo
- 1 cucharada de comino molido
- 2 cucharaditas de sal marina molida fina
- 2 cucharaditas de cilantro molido
- 1 cucharadita de pimentón
- 1/2 cucharadita de pimienta recién molida
- 1/8 cucharadita de pimienta de cayena (opcional)

INSTRUCCIONES:

a) Este es un paso opcional pero sabroso, así que lo recomiendo: rallar 1 lima.

b) Coloque la ralladura en un plato pequeño en el alféizar de una ventana soleada, séquela en un deshidratador o en un horno calentado a 175 °F durante aproximadamente 10 a 15 minutos hasta que desaparezca toda la humedad.

c) Mezcle todos los ingredientes en un bol hasta que estén bien mezclados.

d) Guárdelo en un lugar fresco y oscuro en un recipiente de vidrio hermético.

85. de tomate y maíz con hierbas

INGREDIENTES:
- Paquete de 6.10 onzas de maíz congelado o
- 4 mazorcas de maíz fresco, cortadas de la mazorca
- 1 tomate maduro grande, cortado en cubitos
- 1/2 cebolla morada mediana, cortada en cubitos pequeños
- 1 chile jalapeño, sin semillas y cortado en cubitos
- 3 cucharadas de vinagre balsámico
- 2 cucharadas de albahaca fresca picada
- 2 cucharadas de cilantro fresco picado
- sal marina al gusto

INSTRUCCIONES:

a) Combine todo en un tazón grande y mezcle bien.

b) Déjelo reposar durante 1 hora a temperatura ambiente o refrigerado para que los sabores se combinen.

86. Guacamole de frijoles blancos

INGREDIENTES:
- 2 tazas de aguacate maduro ligeramente lleno, picado o rebanado
- 1 taza de frijoles blancos 1/2 cucharadita de sal marina
- 2–21/2 cucharadas de jugo de limón
- Agua, para diluir al gusto

INSTRUCCIONES:

a) Coloque el aguacate, los frijoles blancos, la sal marina, el jugo de limón y el agua en un procesador de alimentos o licuadora y mezcle hasta que quede suave.

b) Sazone al gusto con sal adicional y/o jugo de limón.

BEBIDAS

87. Batido de nopales

INGREDIENTES:
- 1/2 taza de trozos de paleta de nopal limpios y cortados en cubitos
- 1 taza de jugo de naranja, jugo de granada u otro jugo Un puñado pequeño de hielo

INSTRUCCIONES:

a)   Enjuague bien los trozos de nopal con agua corriente fría y póngalos, junto con el jugo y el hielo, en una licuadora.

b)   Licue hasta que esté completamente licuado, de 1 a 2 minutos.

88. Aguas Frescas

INGREDIENTES:
- 2 tazas de fruta fresca
- 1 a 2 cucharadas de jugo de lima recién exprimido 2 tazas de agua
- 2 a 4 cucharadas de néctar de agave o un sustituto del azúcar 1 taza de hielo picado

INSTRUCCIONES:

a) Haga puré la fruta, el jugo de lima, el agua y el néctar de agave en una licuadora.

b) Colar en una jarra y agregar el hielo.

89. Mojito al estilo latinoamericano

INGREDIENTES:

- 6 Ají dulce o
- 1½ cucharada Pimiento rojo, cortado en cubitos
- ½ Pimiento verde, cortado en cubitos
- 5 Dientes de ajo)
- picado en trozos grandes
- 2 Chalotes, picados en trozos grandes
- 1 Tomate
- Pelado y sin semillas
- 1½ cucharada alcaparras, escurridas
- 1½ cucharadita Orégano seco
- ½ taza Hojas de cilantro
- Lavado y despalillado
- ¼ de taza Pasta de tomate
- 2 cucharadas Aceite de oliva virgen extra
- 1 cucharada Jugo de lima
- Sal y pimienta para probar

INSTRUCCIONES:

a) Tradicionalmente se sirve como salsa para acompañar chips de plátano y puré de plátanos verdes fritos. También es excelente para mojar chips de tortilla y es una excelente salsa cóctel para camarones y otros mariscos.

b) Combine los pimientos, el ajo, las chalotas, el tomate, las alcaparras, el orégano y el cilantro en un procesador de alimentos y muela hasta obtener un puré suave. Agregue la pasta de tomate, el aceite de oliva, el jugo de limón y la sal y pimienta.

c) Transfiera a un frasco limpio con tapa no reactiva. Refrigerado se conservará durante 1 semana.

90. Horchata de Melón

INGREDIENTES:
- 2 cucharadas de jugo de lima recién exprimido (opcional)
- 1 melón maduro, aproximadamente 2 libras, que rinde aproximadamente 1 libra de fruta pura y semillas, 2-1/2 tazas
- 2-1/2 tazas de agua
- 2 cucharadas de néctar de agave o sustituto de azúcar (opcional)
- 1/2 cucharadita de extracto de vainilla

INSTRUCCIONES:

a) Ponga el jugo de lima, si lo usa, 1 taza de agua, y la fruta y las semillas en una licuadora y haga puré. Agrega el resto del agua, el edulcorante, si lo usas, y la vainilla y licúa para mezclar bien.

b) Cuela la horchata en una jarra y enfríala o sírvela con hielo.

91. sangrita

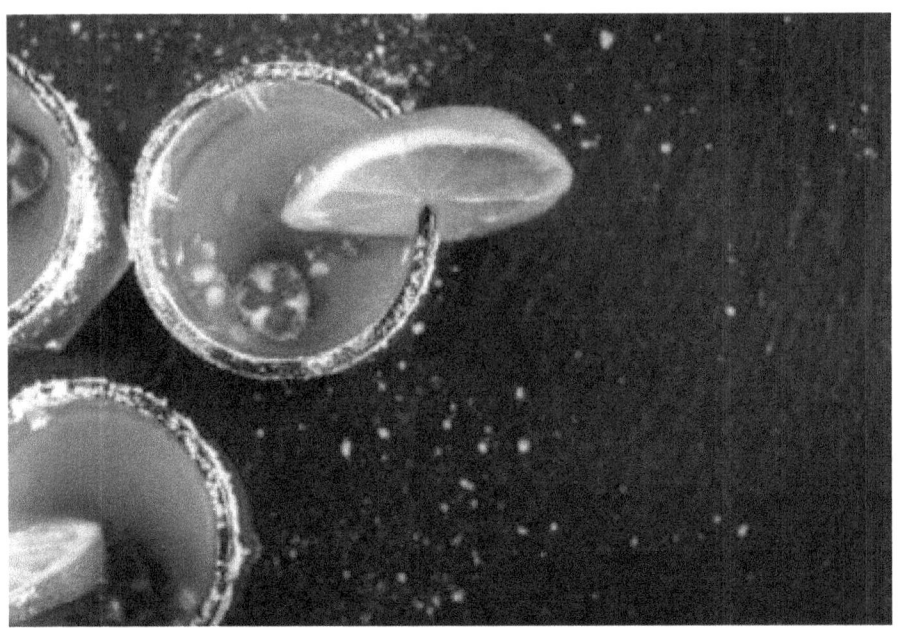

INGREDIENTES:
- 2 chiles anchos medianos, tostados y rehidratados
- 2-1/2 tazas de jugo de naranja fresco
- 3-1/2 cucharadas de granadina
- 1 cucharadita de sal

INSTRUCCIONES:
a) Pon todos los ingredientes en una licuadora y haz puré.
b) Colar y enfriar la mezcla antes de servir.

92. ponche de coco

INGREDIENTES:
- 13/16 cuartos Ron ligero estilo latinoamericano
- Pele 2 limas; (rallado)
- 6 Yemas de huevo
- 1 lata leche condensada dulce
- 2 latas leche evaporada (grande)
- 2 latas Crema de coco; (como Coco López)
- 6 onzas Ginebra

INSTRUCCIONES:
a) Mezclar la mitad del ron con la piel de lima en una batidora a velocidad alta durante 2 min.
b) Colar y poner en un tazón grande. Agrega el resto del ron.
c) En la licuadora, mezcle las yemas de huevo, ambas leches y la ginebra hasta que estén bien mezclados.
d) Vierta ¾ de esta mezcla en un bol con ron. Mezclar el resto con la crema de coco y mezclar bien. agregue a la mezcla de ron, mezcle bien y refrigere.

93.Ponche de huevo al estilo latinoamericano

INGREDIENTES:
- 2 tazas de agua
- 8 palitos de canela
- 6 yemas de huevo grandes
- 3 latas (12 oz) de evaporado
- 1 taza de leche
- 2 latas de leche de coco
- 3 latas (14 oz) endulzadas
- 1 taza de leche condensada
- 3 tazas de ron blanco

INSTRUCCIONES:
a) En una cacerola de 2 cuartos, caliente el agua y las ramas de canela a fuego alto hasta que hierva. Reduzca el fuego a medio y cocine hasta que el líquido se reduzca a una taza. Retire las ramitas de canela y deje el líquido a un lado para que se enfríe a temperatura ambiente.
b) En una cacerola de 3 cuartos con un batidor de varillas, bata las yemas de huevo y la leche evaporada hasta que estén bien mezclados.
c) Cocine a fuego lento, revolviendo constantemente hasta que la mezcla espese y cubra una cuchara, aproximadamente 10 minutos.
d) Dejar de lado.
e) Cuando el líquido con sabor a canela se haya enfriado, agregue la leche de coco hasta que esté bien mezclado.
f) En un tazón para servir, combine la mezcla de coco, la mezcla de yemas, la leche condensada y el ron. Enfriar bien y servir.

94. Cerveza de Maíz Fermentada

INGREDIENTES:
- 2 libras de maíz jora (maíz morado)
- 1 libra de piña, picada
- 1 rama de canela
- 4 dientes
- 1 cucharada de hojas secas de huacatay (opcional)
- 2 cuartos de agua
- 1 taza de azúcar (ajustar al gusto)
- Jugo de 2 limas

INSTRUCCIONES:

a) Enjuague el maíz de jora con agua fría para eliminar la suciedad o los residuos.

b) Coloca el maíz de jora en una olla grande y agrega suficiente agua para cubrirlo. Déjelo en remojo durante la noche o durante al menos 8 horas para que se ablande.

c) Escurre el maíz de jora remojado y desecha el agua de remojo.

d) En una olla grande, agregue el maíz de jora remojado, la piña picada, la rama de canela, los clavos y las hojas secas de huacatay (si las usa).

e) Vierte 2 litros de agua en la olla, asegurándote de que todos los ingredientes queden sumergidos.

f) Lleva la mezcla a ebullición a fuego medio.

g) Reduzca el fuego al mínimo y déjelo hervir a fuego lento durante unas 2 horas, revolviendo ocasionalmente. Durante este tiempo, el maíz liberará sus azúcares y sabores naturales.

h) Pasadas las 2 horas, retira la olla del fuego y déjala enfriar a temperatura ambiente.

i) Cuela el líquido a través de un colador de malla fina o una gasa, desechando los sólidos (maíz, piña, especias).

j) Regresa el líquido colado a la olla y agrega azúcar al gusto. Revuelva hasta que el azúcar se disuelva.

k) Exprime el jugo de 2 limas en la olla y revuelve para combinar.

l) Transfiera la Chicha de Jora/Cerveza de Maíz Fermentada a una jarra o vasos individuales.

m) Refrigere la Chicha de Jora/Cerveza de Maíz Fermentada hasta que esté fría o sírvala con hielo.

n) Revuelve la Chicha de Jora/Cerveza de Maíz Fermentada antes de servir, ya que puede asentarse y separarse con el tiempo.

o) Opcionalmente, puedes adornar cada vaso con una pizca de canela molida o una rodaja de piña.

95. Bebida de maíz morado

INGREDIENTES:
- 2 mazorcas grandes de maíz morado
- 8 tazas de agua
- 1 piña, pelada y cortada en trozos
- 2 manzanas, peladas, sin corazón y cortadas en cubitos
- 1 rama de canela
- 4 dientes
- 1 taza de azúcar (ajustar al gusto)
- Jugo de 2 limas
- Cubitos de hielo (para servir)
- Hojas de menta fresca (para decorar)

INSTRUCCIONES:

a) En una olla grande, combine las mazorcas de maíz morado y el agua. Llevar a ebullición a temperatura media.

b) Reduzca el fuego a bajo y cocine a fuego lento durante unos 30 minutos para extraer los sabores y el color del maíz.

c) Retira las mazorcas de maíz morado de la olla y deséchalas. Deja el líquido morado a un lado.

d) En una olla aparte, agregue los trozos de piña, las manzanas cortadas en cubitos, las ramas de canela y los clavos.

e) Vierte el líquido morado reservado en la olla con las frutas y las especias.

f) Lleve la mezcla a ebullición, luego reduzca el fuego y cocine a fuego lento durante unos 20 minutos, permitiendo que las frutas y especias infundan sus sabores en el líquido.

g) Retira la olla del fuego y cuela el líquido para eliminar los sólidos. Deseche las frutas y las especias.

h) Agrega el azúcar y el jugo de lima, ajustando el dulzor y la acidez a tu gusto.

i) Deje que la bebida de chicha morada/maíz morado se enfríe a temperatura ambiente, luego refrigere durante al menos 2 horas para que se enfríe.

j) Sirva la bebida de chicha morada/maíz morado sobre cubitos de hielo en vasos y decore con hojas de menta fresca.

96. Agria de fruta de la pasión

INGREDIENTES:
- 2 onzas de pisco (brandy de uva estilo latinoamericano)
- 1 onza de puré de maracuyá
- 1 onza de jugo de lima fresco
- ¾ onzas de almíbar simple
- Hielo
- Semillas frescas de maracuyá para decorar (opcional)

INSTRUCCIONES:

a) En una coctelera, combine el pisco, el puré de maracuyá, el jugo de limón fresco y el almíbar.

b) Agrega hielo a la coctelera y agita vigorosamente durante unos 15 segundos.

c) Cuela la mezcla en un vaso antiguo o en una copa de cóctel fría.

d) Adorne con semillas frescas de maracuyá si lo desea.

e) Sirve el Maracuyá Sour y disfruta de los sabores tropicales.

97.té de coca

INGREDIENTES:
- 1-2 bolsitas de té de coca o 1-2 cucharaditas de hojas de coca secas
- 1 taza de agua caliente
- Miel o azúcar (opcional)

INSTRUCCIONES:

a) Coloca la bolsita de mate de coca o las hojas secas de coca en una taza.
b) Vierta agua caliente sobre la bolsita o las hojas de mate de coca.
c) Déjelo reposar durante 5 a 10 minutos o hasta que alcance la fuerza deseada.
d) Endulce con miel o azúcar, si lo desea.
e) Disfrute del té de coca, una infusión de hierbas tradicional de estilo latinoamericano conocida por su sabor suave y terroso.

98. Capuchino con ron al estilo latinoamericano

INGREDIENTES:
- 1½ onza Ron oscuro
- 1 cucharadita de azúcar
- Café fuerte y caliente
- Leche al vapor
- Crema batida
- canela molida

INSTRUCCIONES:
a) Combine el ron y el azúcar en una taza.
b) Agrega partes iguales de café y leche.
c) Cubra con crema y canela.

99. Ponche De Pisco

INGREDIENTES:
- 2 onzas de pisco (brandy de uva estilo latinoamericano)
- 1 onza de jugo de piña
- ½ onzas de jugo de lima fresco
- ½ onzas de almíbar simple
- Hielo
- Rodaja de piña fresca o cereza para decorar

INSTRUCCIONES:

a) En una coctelera, combine el pisco, el jugo de piña, el jugo de limón fresco y el almíbar.

b) Agrega hielo a la coctelera y agita vigorosamente durante unos 15 segundos.

c) Cuela la mezcla en un vaso antiguo o en una copa de cóctel fría.

d) Adorne con una rodaja de piña fresca o una cereza.

e) Sirve el Pisco Punch y saborea los sabores tropicales.

100. Cóctel de frutas camu

INGREDIENTES:
- 2 tazas de fruta fresca de camu camu (o jugo de camu camu, si está disponible)
- ½ taza de pisco (brandy de uva estilo latinoamericano)
- 2 cucharadas de miel
- 1 taza de hielo
- Bayas frescas de camu camu para decorar (opcional)

INSTRUCCIONES:

a) En una licuadora, combine la fruta fresca de camu camu, el pisco, la miel y el hielo.
b) Mezclar hasta que esté suave.
c) Pruebe y ajuste el dulzor agregando más miel si lo desea.
d) Vierte el Coctel de Camu Camu en vasos.
e) Adorne con bayas frescas de camu camu si están disponibles.
f) Sirve el cóctel de camu camu y disfruta del sabor único y ácido de esta fruta amazónica.

CONCLUSIÓN

A medida que el capítulo final de Latinísimo pasa sus páginas, esperamos que su cocina se haya llenado de los vibrantes y tentadores aromas de las delicias caseras latinoamericanas. Este libro de cocina es más que una simple guía; es una invitación a saborear la esencia de América Latina en la comodidad de tu hogar.

Mientras saborea el último bocado de estos 100 platos latinos, recuerde que no solo ha recreado recetas; has abrazado las tradiciones culinarias que se han transmitido de generación en generación. Latinísimo es una celebración del rico tapiz que es la cocina latinoamericana, y cada plato es un testimonio de la diversidad cultural y la herencia culinaria que definen esta extraordinaria parte del mundo.

Que los sabores permanezcan en tu memoria y que el espíritu de las cocinas latinoamericanas continúe inspirando tus aventuras culinarias. Hasta que nos volvamos a encontrar en la próxima exploración culinaria, que disfruten de la buena cocina. ¡Feliz cocina!

www.ingramcontent.com/pod-product-compliance
Lightning Source LLC
Chambersburg PA
CBHW071331110526
44591CB00010B/1097